子どもの未来図

子ども期の危機と貧困化に抗する政策的課題

浅井春夫 著

自治体研究社

子どもの未来図
——子ども期の危機と貧困化に抗する政策的課題

目次

第2章　SDGsと子どもの未来の描き方………77

〔はじめにかえて〕

コロナ危機が現代社会に突きつけたものと未来図

――問われる現在から未来への構想力

コロナ危機のなかで想うこと

コロナ危機にどう向き合うのかは、この社会と私たち一人ひとりの人間観と社会観が問われる問題となってきました。コロナ禍という場合の「禍」は、訓読みでは「わざわい」です。わざわい・不幸せ、その原因となるもの、また、出来事そのものをいいます。

コロナ危機をめぐって、大量の情報があふれるなかで、私が実感したことは、日本においては政権の中枢に陣取る政治家が、いかに国民のいのちを大切に考えていないか、ということです。わかっていたとはいえ、これほどまでに政治家が〝国民への無関心〟な職業であったのかを痛感しました。

コロナ危機を通して、はっきり見えてきたことの一つは、2020年2月27日に、政府の「全国一斉休校要請」に基づいて、全国の学校が休校となりましたが、〈子どもへの無関心〉という現実です。この要請が果たしてどこまで科学的な根拠のもとに実施されたのかは明らかではありません。確かに学校生活はもともと3密（密閉・密集・密接）の中にある空間です。クラス人数規模の改善が先進諸国レベル（20人学級）まで改善されないままに推移しており、3密は必然的な学校環境にあります。5月4日の安倍晋三首相の記者会見でも「感染拡大を予防する新しい生活様式」でも〝3密〟の回避が強調されていました。

この間、休校にともなってさまざまなリスクが子どもたちの家庭生活のなかで発生しています。学校給食がないことで、必要な栄養がとれない子どもがいます。子ども食堂の活動状況を、NPO法人「全国こども食堂支援センター・むすびえ」（東京）が4月に全国調査したところ、回答した231か所の9割に当たる208か所が食堂を休止し、うち約半数の107か所は弁当や食材の配布・宅配に切り替えています（2020年5月7日付、日本経済新聞夕刊）。食生活の支援を通して、子どもたちを見捨てないコミュニティの取り組みを継続されています。

休校措置は、子どもの学習権を奪っている現実があります。オンライン授業も、パソコンやスマホなどの端末を持っていない子どもは、授業から落ちこぼされたままになってしまいます。この時期だからこそ、教師たちが最大限のエールを子どもたちに送るための創造的実践を、管理的な発想で制御してはいけないのです。子ども虐待とDV（ドメスティック・バイオレンス）の深刻化、家出や放浪、性暴力の被害の増加などのリスクが沸々と家庭の中で渦巻いている状況があります。家から出ないことは、子ども虐待の児童相談所への通告の経路が閉ざされてしまうことにもなります。学校のない生活が、子どもたちにとっていかにリスクが高いのか、子どもたちの発達・人格形成にとって、学校の再評価を子どもたちの生活保障の観点からも考える必要があるのではないでしょうか。その点で、コミュニティから信頼される学校とは何かが問われています。医療・保健分野とともに学校・子育て分野の社会的な機能を再評価する必要があることが鮮明になってきました。

もう一つはっきりと見えてきたことは、この国と市民社会を生きる人々にいろいろな困難があっても「健康で文化的な生活」（憲法25条）を実際に支えている権利保障労働はどのような職業であるのかをあらためて再認識したことです。同時にこの国が新自由主義[*1]の旗を振って、働く人々の条件を改悪し、とりわけ医療、保健・精神保健、教育、介護、保育・学童保育などの専門職をいかにないがしろにしてきたのかを否応なく目にすることになりました。逆の観点から言えば、現代社会を支える専門職の価値に光を当てることになりました。

ちなみに、病院数（厚生労働省「医療施設調査」２０１６年）は、１９９６年では９４９０であったのですが、８４４２と１０００か所の減少となっています。東京は７０４→６５１（マイナス53）、大阪は５９１→５２３（マイナス68）で、東京以上に削減しています。維新政治の本質がここにあります。住民の反対を押し切って病院の統廃合をすすめ、基礎的なインフラを削減した政治の結果が現在の状況でもあるのです。大都市圏は軒並み大削減の政策を推進してきたのです。住民の要求に応えて増加させていたのは、沖縄（88→94）、奈良（73→77）などの県にすぎません。

さらに保健所数の全国の動向をみれば、１９９２年から２０１９年の27年間で、８５２か所から４７２か所に、３８０か所（45％）も削減されてきたのです。

さらにコロナ危機は、偏見や差別意識がいかに現実の世界にはびこっているのかを、あからさまにしました。〝自粛警察〟（行政の休業要請の対象外の店への抗議や、嫌がらせをする人たちのことを指す造語）の動きはその露骨な動きです。また医療従事者に対する排除的な言動が身近なところで発生していることも報告されています。こうした現実に対して安倍前首相や小池百合子都知事の記者会見が本気で警鐘を鳴らしてきたといえるのでしょうか。

このような現実を性教育や人権教育の課題として、どのように子どもたちや社会に発信していくことができるのかも私たちの課題です。

それにしてもこの期に及んで〝憲法改正〟を口にする安倍政権でもありました。そして政権を引き継いだ菅義偉首相は「アベノミクス」をそっくりそのまま継承する路線であることを明言しています。「緊急事態宣言」にかこつけて、まったく別の内容の「緊急事態条項」を憲法に創設する可能性も残されています。

新型コロナウイルス（COVID-19）への対応方法

「新型コロナウイルス」（COVID-19）は、顕微鏡で見ると表面に王冠（コロナ）状の突起があるため、こう呼ばれています。

感染症ウイルスの呼び方も実は大きな問題を起こすことがあるのです。２００９年に流行したインフルエンザウイルスは「豚インフルエンザ」という〝あだ名〟がつけられました。豚を介して広がるウイルスではなかったのに、この名前のせいでエジプト政府は飼育しているすべての豚を殺処分したのです。

ＷＨＯは、２０１５年に流行した「中東呼吸器症候群（ＭＥＲＳ）」（傍点は浅井）の名前について、問題を引き起こすこともあると注意を促しています。ウイルスの正式名称を決めるという緊急課題は、国際ウイルス分類委員会（ICTV, International Committee on Taxonomy of Viruses）が担っています。

この委員会は「これまで、病気の名前が特定の宗教的・民族的コミュニティに対する反感を引き起こし、渡航や貿易などへの不当な障壁を生み、家畜の不要な殺害を招いてきた」ことを指摘しています。その反省の上に立って、ＷＨＯは「名称決定についてのガイドライン」（World Health Organization Best Practices for the Naming of New Human Infectious Diseases、２０１５年４月）を発表しています。これによると、新型ウイルスの名前に使ってはいけない要素・項目は、①地理的な位置、②人の名前、③動物や食品の名前、④特定の文化や産業の名前などをあげています。ＳＡＲＳ（重症急性呼吸器症候群）のように、名称は短く、病状を説明するものが適切として例示されています。

「名称決定についてのガイドライン」を踏まえれば、ウイルス感染拡大の責任を中国に押し付けるために「武漢ウイルス」を繰り返し公言していたトランプ大統領はアウトです。

ウイルスのネーミングがさまざまな禍《わざわい》をつくってしまうほど、人間が情報に動かされている現実があります。誤報や、ＳＮＳなどを通じたフェイク情報にどのように対応していくかが、コロナ危機のなかで問われています。ＳＮＳで「わかりやすい医療情報」を発信している外科医の山本健太医師が、フェイクに惑わされずに、ネット情報を見極めるための7つのポイントとして「だしいりたまご」を提案しています。

だ＝誰が言っている？　し＝出典はある？　い＝いつ発信された？　り＝リプライ欄（返信欄）にどんな意見がある？　た＝たたき（攻撃）が目的ではない？　ま＝まずはいったん保留しよう、こ＝公的情報は確認した？　で、「だしいりたまご（ご）」です（ＮＨＫテレビ「クローズアップ現代」２０２０年5月4日）。*2

どんな社会を構想するか

パンデミック（pandemic）は、〝感染爆発〟などと訳され、感染症や伝染病が全国的・世界的に大流行し、非常に多くの感染者や患者を発生することをいいます。過去に起こったパンデミックとしては、14世紀にヨーロッパで流行したペスト（黒死病）、19世紀から20世紀にかけ地域を変えながら7回も大流行したコレラ、第一次世界大戦中の１９１８～19年にかけて猛威を振るったスペインかぜ（インフルエンザ）、１９６８年に発生した香港かぜなどがあります。スペインかぜは世界人口の約50％が感染し、死者が２０００万人以上、一説には4、５０００万人ともいわれています。

国連・子どもの権利委員会「新型コロナ感染症（COVID-19）に関する声明」（２０２０年4月8

日）、では、「子どもの権利委員会は、COVID-19パンデミックが子どもたちに及ぼす重大な身体的、情緒的および心理的影響について警告するとともに、各国に対し、子どもたちの権利を保護するよう求める」（日本語訳・平野裕二）ことを冒頭に記しています。*3

いくつかの項目を引用しますと、「1　今回のパンデミックが子どもの権利に及ぼす健康面、社会面、情緒面、経済面およびレクリエーション面の影響を考慮すること」について「このような困難にもかかわらず、各国は、パンデミックへの対応（資源の配分の制約および資源の配分に関する決定を含む）が子どもの最善の利益の原則を反映したものになることを確保するべきである」ことを冒頭で訴えています。そのうえで喫緊の課題として「3　オンライン学習が、すでに存在する不平等を悪化させ、または生徒・教員間の相互交流に置き換わることがないようにすること。オンライン学習は、教室における学習に代わる創造的な手段ではあるが、テクノロジーもしくはインターネットへのアクセスが限られているもしくはまったくない子ども、または親による十分な支援が得られない子どもにとっては、課題を突きつけるものでもある。このような子どもたちが教員による指導および支援を享受できるようにするための、オルタナティブな解決策が利用可能とされるべきである」ことが強調されています。

さらに「6　子どもの保護のための中核的サービスを必須サービスに位置づけ、これらのサービス（必要な場合の家庭訪問を含む）が機能し続けかつ利用可能とされ続けることを確保するとともに、ロックダウン下で暮らしている子どもたちに対し、専門家による精神保健サービスを提供すること。子どもたちは、外出制限により、家庭におけるいっそうの身体的および心理的暴力にさらされ、または過密でありかつ最低限の居住適正条件を欠いた家庭で過ごすことを余儀なくされる可能性がある。障害および行動上の問題がある子どもたちおよびその家族は、密室においてさらなる困難に直面しかねない。各国は、電話およびオンラインによる通報・付託制度ならびにテレビ、ラジオおよびオンライン経路を通じた注意喚起・意識啓発活動を強化するべきである。COVID-19パンデミックの経済的および社会的影響を緩和するための戦略にも、子どもたち（とくに貧困下で暮らしている子どもおよび十分な住居にアクセスできていない子ども）を保護するための具体的措置を含めることが求められる」ことを提起しています。

最後に「10　COVID-19および感染予防法に関する正確な情報を、子どもにやさしく、かつすべての子ども（障害のある子ども、移住者である子どもおよびインターネットへのアクセスが限られている子どもを含む）にとってアクセス可能な言語および形式で普及すること」「11　今回のパンデミックに関する意思決定プロセスにおいて子どもたちの意見が聴かれかつ考慮される機会を提供すること。子どもたちは、現在起きていることを理解し、かつパンデミックへの対応の際に行なわれる決定に参加していると感じることができるべきである」という提起をしています。このような国連・子どもの権利委員会の声明に応え、希望をつくる姿勢が私たちに問われています。完全に感染症ウイルスを制圧することはできないことを前提に、さまざまなウイルスとの共存・共生ということれからの社会像を共有しなければならない状況にあるのではないでしょうか。

コロナウイルスに感染した人、その家族がコミュニティにいることができない状況で転居せざるをえなくなったケース、行政の指導に基づいて店を開いていることへの嫌がらせなどで閉店を余儀なくされた飲食店・居酒屋など、現代社会における社会的排除と暴力が生み出されやすい現実をあらためて問うべき課題があります。フィジカル・ディスタンス（身体的物理的距離）を適切にとることを大事にしながら、同時にソーシャル・ディスタンス（社会的距離）を拡大しないこと、つまり、これ以上の経済的社会的格差を広げず、平等を実現していく取り組みが必要になっています。

「新型コロナウイルスの感染防止と行動選択の課題」の教育実践

性教育や人権教育の課題として提起したいこととして、「新型コロナウイルスの感染防止」の教育実践を検討したいと考えています。幼児、小学校、中学校、高校、障がい児分野などで、このテーマを子どもたちの学ぶ権利として、どのように保障していくのかが問われています。

具体的には「改訂版　国際セクシュアリティ教育ガイダンス」（以下、「改訂版　ガイダンス」）の8つのキーコンセプトの「学習者ができるようになること」（対象年齢はそれぞれ）の1項目を紹介しておきますので、具体的な課題にチャレンジしてください。

「改訂版　ガイダンス」の翻訳は『改訂版　国際セクシュアリティ教育ガイダンス』として出版されていますので、活用いただけることを願っています。[*4]

以下、簡単に紹介します。

「1　人間関係」―「1・3　寛容、包摂、尊重」の学習目標（9～12歳）で、「学習者ができるようになること」として「スティグマや差別の意味を明らかにし、それがどのように有害であるのかを明らかにする（知識）」ことを実践的に追究したいものです。

「2　価値観、人権、文化」―「2・1　価値観とセクシュアリティ」の学習目標（12～15歳）で「学習者ができるようになること」として「自分と異なる価値観、信念、態度に寛容で、尊重することの重要性を認識する（態度）」などは、人権侵害と社会的排除の生まれやすい状況のなかで、こうした課題を意識した実践を考えたいものです。

「3　ジェンダーの理解」―「3・3　ジェンダーに基づく暴力」の学習目標（9～12歳）で同じく「ジェンダー平等について議論し、ジェンダーに基づく差別や暴力に立ち向かうための方法を実際にやってみる（スキル）」という内容も挑戦的課題です。

「4　暴力と安全確保」―「4・3　情報コミュニケーション技術の安全な使い方」の学習目標（12～15歳）で「インターネット、携帯電話、ソーシャルメディアを使う際の安全を守るためのプランを立て実行する（スキル）」なども実践的にすすめたい内容です。

「5　健康とウェルビーイング（幸福）のためのスキル」―「5・1　性的行動における基本と仲間の影響」の学習目標（5～8歳）で「仲間からの影響には良いものも悪いものもありうることに気づく（態度）」なども、いじめの発生しやすい環境における実践課題です。

「6　人間のからだと発達」―「6・3　前期思春期」の学習目標（9～12歳）で「衛生的で、清潔に過ごすための習慣を説明する（知識）」もこの時期に伝えたい内容です。新型コロナウイルスの感染の影響の科学的な理解と防止という視点での実践が求められています。

「7　セクシュアリティと性行動」─「7・2　性行動と性的反応」の学習目標（5〜8歳）で「『良いタッチ』と『悪いタッチ』を明らかにする（知識）」「もし誰かが悪い方法でタッチしてきた場合にすべき行動を実際にやってみる（スキル）」ことも、密閉空間での身体接触のあり方を考えるテーマでもあります。

「8　性と生殖に関する健康」─「8・3　HIVを含む性感染症のリスクの理解、認識、低減」の学習目標（15〜18歳以上）で「健康やウェルビーイング（幸福）のための個人のプランを立て、実行する（スキル）」などの課題を踏まえて、新型コロナウイルス感染症への防止と社会的排除問題への対応などの「個人のプラン」を立てることを実践的にすすめたいものです。

科学的根拠に基づいて感染防止に役立つのかどうかの情報提供の視点と対応方法に関して、「改訂版ガイダンス」を最大限活かすことで、包括的性教育の実践力を活かしていきたいものです。

グローバル時代のもとでは感染症ウイルスは国境を越えて各国に広がることは必至です。そして感染症は2000年代に入って、ほぼ5年に一度は発生する状況となっており、平時であっても感染症対策と連帯を土台にした社会システムを確立・整備していくことが各国の基本姿勢であることが求められます。

感染症が発症していない期間に、病院や保健所などの医療システムを縮小していくのではなく、より強力な新しい感染症ウイルスに対応する体制を科学の粋を集めて確立することが求められているのです。その点の社会的合意を形成することが今後の社会像を検討するうえで不可欠の課題になっています。

これからの性教育、人権教育の実践課題として、突発的な感染症の発生に対しても、行政だけではなく、コミュニティの暮らしのなかで個々人のレベルでも対応できる能力をはぐくむ知識・態度・スキルの獲得を目標としていくことが必要になっています。

直面している困難な時期だからこそ、ともに生きている子ども・若者たちに、未来と希望を語っていきたいものです。

注

1　経済活動や社会保障への国・行政の介入をできるだけ制限することに替わって、市場原理にゆだねることで個人の自己責任を強調し、小さな政府、規制緩和、民営化などの政策をすすめる経済思想。

2　「クローズアップ現代」https://www.nhk.or.jp/gendai/comment/0010/topic039.html、２０２０年7月9日閲覧。

3　国連・子どもの権利委員会「新型コロナ感染症（COVID-19）に関する声明」https://w.atwiki.jp/childrights/pages/327.html、２０２０年7月9日閲覧。

4　ユネスコ編、浅井春夫・良香織・田代美江子・渡辺大輔・福田和子訳『改訂版　国際セクシュアリティ教育ガイダンス―科学的根拠に基づいたアプローチ―』明石書店、２０２０年。

第1章　子どもの未来図

1　子ども虐待とは何か

結愛《ゆあ》ちゃんのノートと心愛《みあ》ちゃんの叫び

「ママとパパにいわれなくってもしっかりとじぶんからもっともっときょうよりかあしたはできる
ようにするから
もうおねがい　ゆるして　ゆるしてください　おねがいします
ほんとうにおなじことはしません　ゆるして
きのうぜんぜんできてなかったこと　これまでまいにちやってきたことをなおす
これまでどんだけあほみたいにあそんだか　あそぶってあほみたいだから　やめるから
もうぜったいぜったいやらないからね　ぜったいやくそくします

あしたのあさは　きょうみたいにやるんじゃなくて
もうあしたはぜったいやるんだぞとおもって　いっしょうけんめいやって
パパとママにみせるぞというきもちでやるぞ」
（出所／https://purulife.site/ 結愛ちゃんのノート全文！　両親に向けた願いに涙／）

この文章を書いた東京都目黒区に住んでいた5歳11か月の女の子（結愛ちゃん）が両親によるネグレクト（育児放棄）と身体的虐待によって2018年3月2日に亡くなりました。

結愛ちゃんの亡くなったときの体重は、**図1－1**にみるように、約11キロの2歳児レベルでしかありません。深刻なネグレクトの状態であったのです。表の0％の曲線が年齢に応じた平均値です。＋は平均より多い体重と身長、－は平均より少ない体重と身長の割合です。

2019年1月24日には、千葉県野田市で小学4年生の心愛ちゃんが虐待死しています。

2018年11月には通っていた小学校の「いじめにかんするアンケート」に、心愛ちゃんは「お父さんにぼう力を受けています。夜中に起こされたり起きているときにけられたりたたかれたりされています。先生、どうにかなりませんか」（2019年2月1日付、東京新聞朝刊）と訴えています。事実が明らかになるにつれて、この子のいのちは何度も救える可能性とチャンスがあったことが明らかになっています。

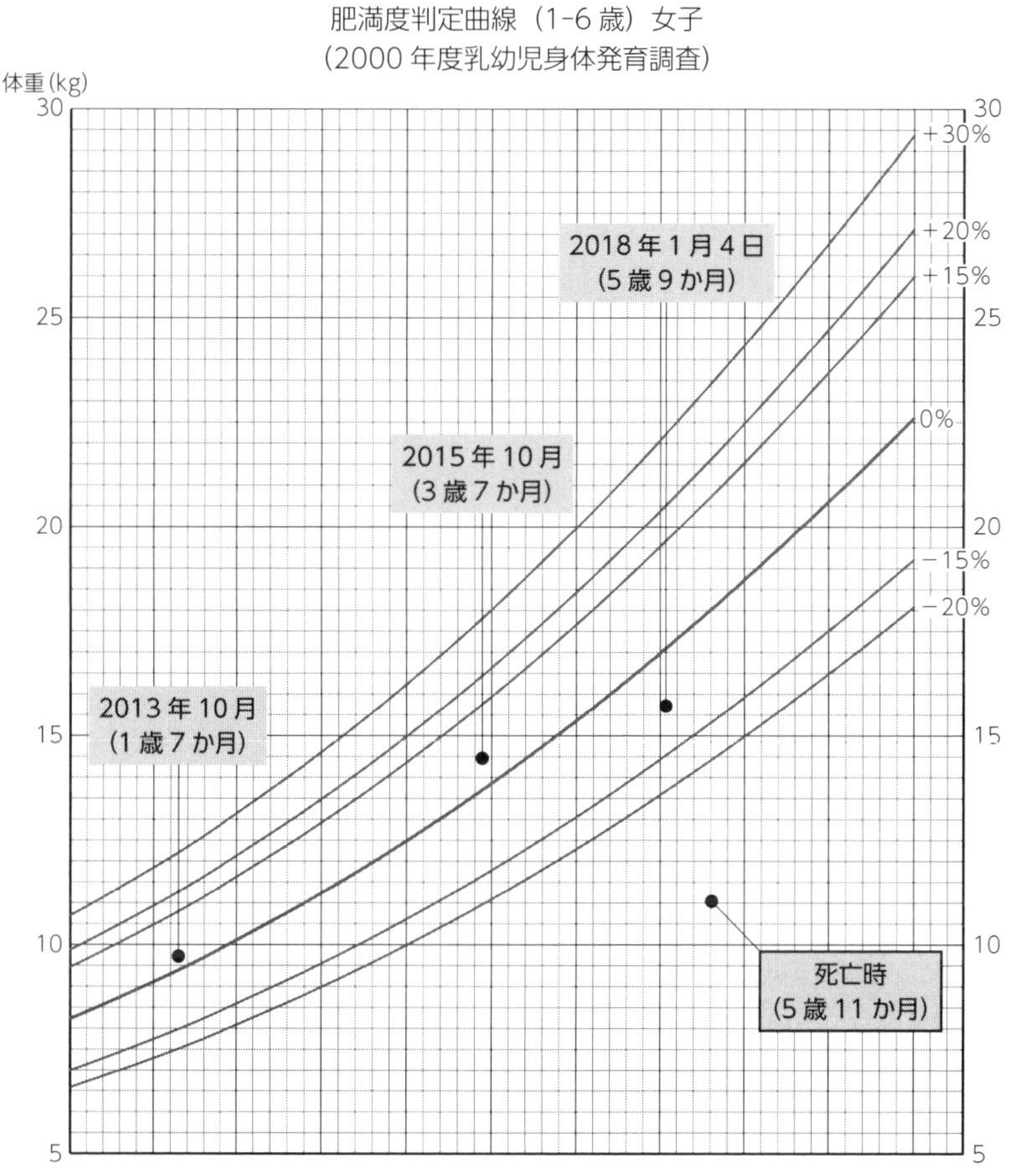

図 1－1　結愛ちゃんの身長と体重の変遷－肥満度判定曲線（1-6 歳）女子との比較

注：「肥満度判定曲線（1-6 歳）女子」のグラフは一般社団法人日本小児内分泌学会　著者：伊藤善也、藤枝憲二、奥野晃正 Clin Pediatr Endocrinol 25; 77-82, 2016 より。

出所：「HUFFPOST」2019 年 10 月 2 日付、https://www.huffingtonpost.jp/entry/story_jp_5d937338e4b0e9e76053892a。

「子どもたちを殺す社会」への変質

連日、子ども虐待・虐待死のニュースが全国をかけめぐっています。まるで日本社会が「子どもたちを殺す社会」に変質しているように感じても不思議ではないでしょう。

「子どもたちを殺す社会」とは、①おとなの暴力と虐待によって子どものいのちを奪う社会となっていることをいいます。日本小児科学会の「パイロット4地域における、2011年の小児死亡登録検証報告」[*1]によれば、虐待で死亡した可能性のある15歳未満の子どもが全国で年間約350人に上ると推計されています。厚生労働省の2011～2013年度の集計では年69～99人（無理心中も含む）で推移しており、

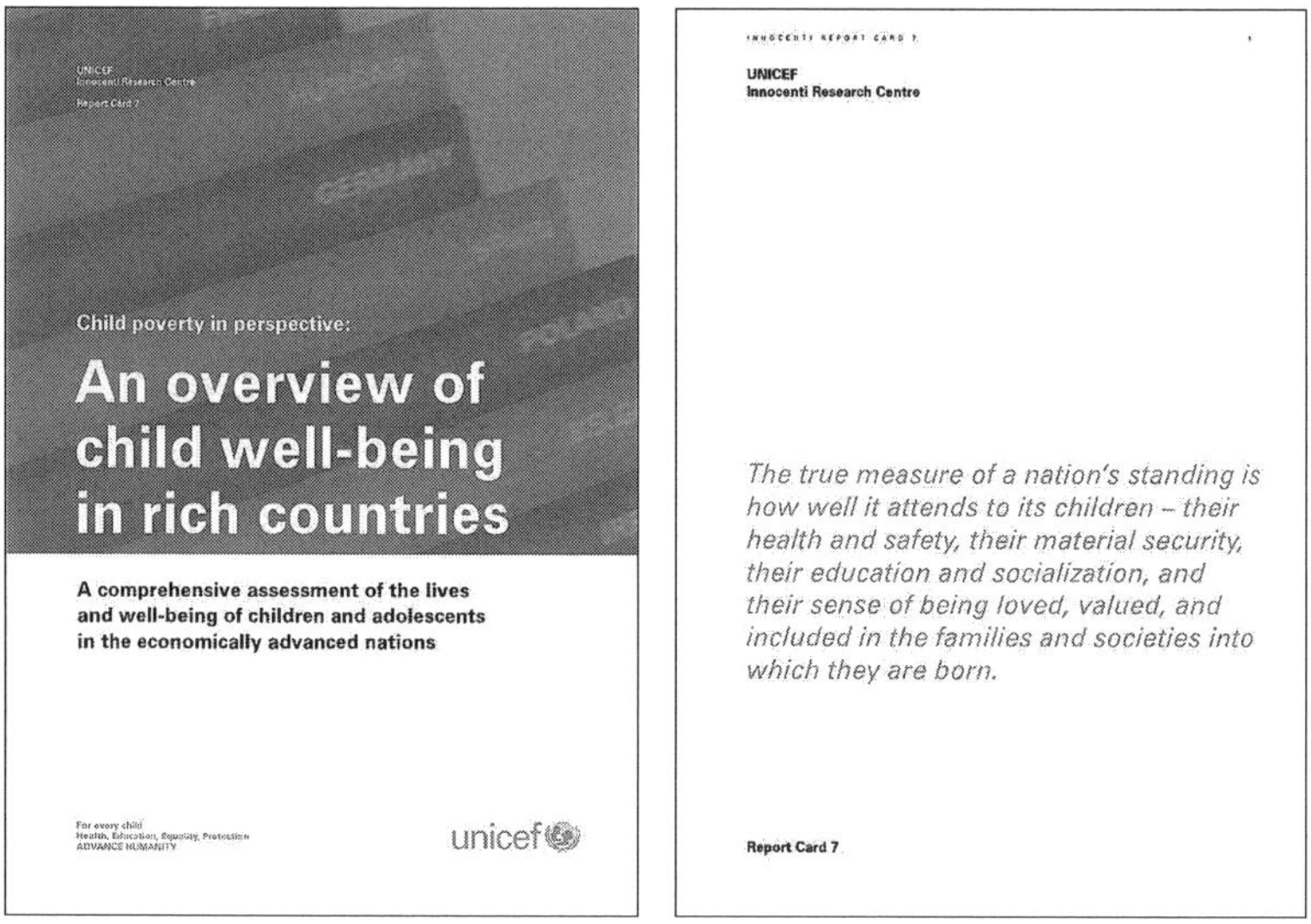

図1－2　『先進国における子どもの幸せ』

左：タイトルページ　右：3ページ

出所：UNICEF Innocenti Research Centre「Child poverty in perspective:An overview of child well-being in rich countries」2007年2月14日、https://www.unicef.or.jp/library/pres_bn2007/pdf/rc7_aw3.pdf。

この数値と比較して3〜5倍となっています。

②子どもたちにある可能性と希望を押し殺している社会という面があります。それは子どもの貧困が深刻化しているなかで、低所得・貧困世帯で暮らす子どもたちは、自らが挑戦する意欲・やる気を奪われ、「あきらめの文化」に覆われていることが社会的な背景としてあります。

③現在の日本の子どもたちのいのちを守るための制度・政策の貧弱さがあらわになっていることをあげなくてはなりません。いま日本社会が問われていることは、社会構造と社会政策が子どもを大切にする方向に背を向けていることです。前安部晋三政権は、子ども政策を推進することよりも、アメリカのトランプ大統領にいわれるがままに、1機116億円もするF35戦闘機を147機も購入する「爆買い」計画に国家予算を投入しているのが実際です。菅政権も同様の対応をすることになることはまちがいありません。

こうした現実を生み出している根源のところで問われていることは、子どもたちの現実に対して誠実に関心を注いでいるかです。ユニセフ・イノチェンティ研究所『先進国における子どもの幸せ』[*2]の3頁（**図1－2**）には、「国の状態を示す本物の目安とは、その国が子どもたちに対してどれほどの関心を払っているかである——子どもたちの健康、安全、物的保障、教育、社会との関わり、生まれてきた家族と社会の中で愛され、認められ、その一員として含まれているという感覚を重視しているか——」が掲げられています。

虐待はいつでも、どこでも、だれでも関わる可能性

虐待の「虐」という字は、訓読みで「しいた」げる、と読みますが、これは虎が鋭い爪で獲物を押さえつけている姿を表した漢字です。関連した用語として、しつけ／体罰・教育的指導／折檻《せっかん》／虐待／不適切なかかわりなどがありますが、英語のabuseは、ab／useで、abは接頭語で誤った方向に進む、まちがった力の使い方という意味があります。つまり虐待とは「子どもの乱用」（権限のある者が本来の役割を逸脱して子どもの権利をみだりに踏みにじること）、そのほか「maltreatment」は、大人に依存しケアされなければ生き、成長していくことのできない子どもに対する「不適切なかかわり」と訳されています。

深刻な子ども虐待が報道されるなかで、あんなひどい行為までするなんて！　と保護者・大人が自らの行為はしつけ・体罰であって、虐待とはちがうという捉え方をする落とし穴があります。でも虐待とは子どもの人権・発達する権利・のびのびと健康的に生きる権利の侵害という本質があり、あえていえば子どもの権利条約に規定されている権利を侵害し、はく奪する行為であると広く認識する必要があります。

そうした意味で、現代社会では子育てこそ人生でもっとも難しいチャレンジの課題になっており、「いつでも、どこでも、だれでも」虐待をする側になり、また、される側になる可能性が大きい時代になっています。

虐待の定義と分類

児童虐待防止法（児童虐待の防止に関する法律、２０００年制定）では、厳密な意味で虐待について定義はされていません。４種類の虐待の分類と説明がされているだけです。虐待の定義（第２条の２）で、性的虐待を「わいせつな行為」というあいまいな多義語を使っていることは大きな問題です。性的虐待と定義すべきです。左記は、児童虐待防止法のあいまいな定義を私なりに明確にしたものです。

①身体的虐待＝殴る、ける、熱湯を浴びせる、煙草によるやけどなど。

②ネグレクト（養育・保護の怠慢・拒否）＝食べさせない、とじこめる、病院に連れていかない、治療をしないで放置、屋外に出したままにするなど。

③心理的虐待＝暴言、無視、恐怖を与える言動、ＤＶ（ドメスティック・バイオレンス）を見せるなど。

④性的虐待＝近親姦、子どもポルノ、性行為を見せるなど。

最新の統計（厚生労働省「２０１８（平成30）年度の児童相談所での児童虐待相談対応件数（速報値）」）では、総数15万９８５０件（前年度比２万６０７２件、１１９・５％増）で、統計を取りはじめた１９９０年度から28年連続で増加しています（**図１－３**）。

虐待の総数に関していえば、①アメリカやヨーロッパ諸国のように多くの虐待を発見し、総数が高原状態にある国、②日本などのようにそれなりに虐待数が増加しつつある国、③北欧諸国のように

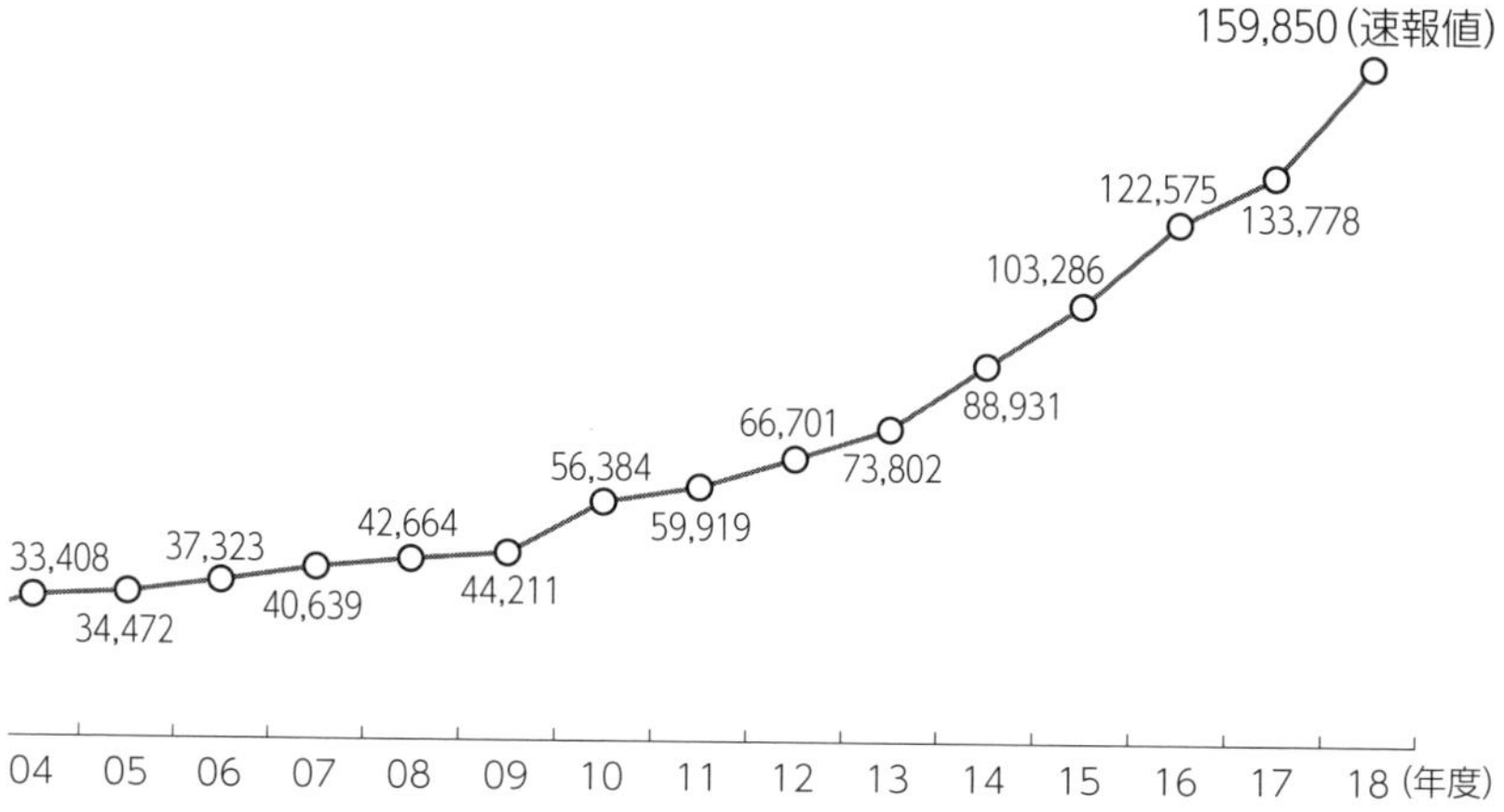

相談対応件数の推移

政策的実践的に虐待数を減少させてきた国に、大きく分類できます。

さて、今後わが国はどの道をすすんでいくのでしょうか。国とわたしたちの本気度が問われる課題となっています。

2　貧困と虐待の相関関係

子どもの貧困の現実

子どもの貧困は一般的には「家庭内での公平な資源配分を前提に、家族の人数と構成を考慮したうえで、子どもにかけられる所得がその社会で成長する子どもにかけられる所得の中央値の半分以下である」[*3]場合に、その存在を確認することになります。グローバル経済においては、雇用主が求める技能を持たない家庭はたやすく貧困に陥ってしまいます。

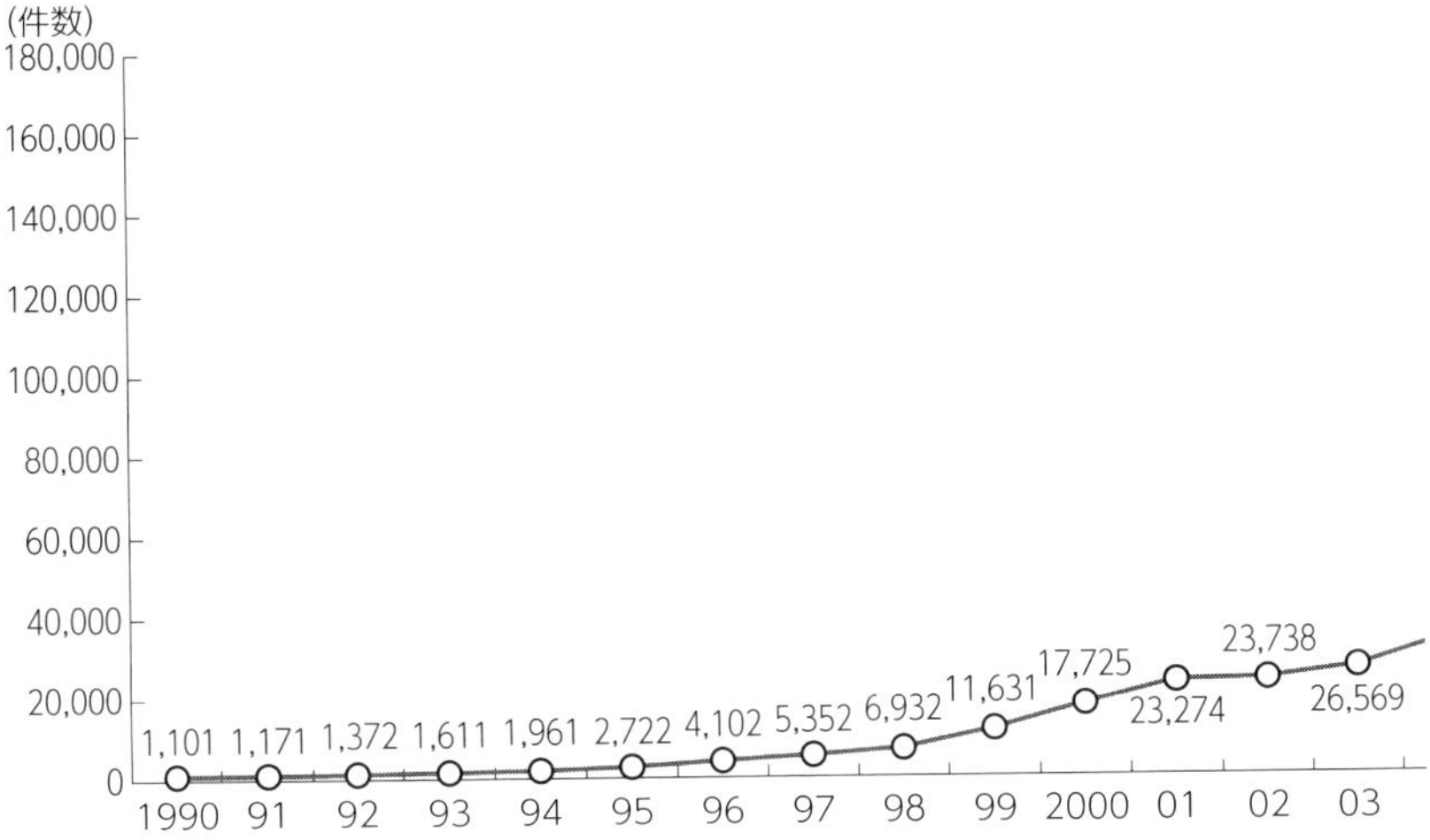

図1－3　児童虐待

出所：厚生労働省「平成30年度の児童相談所での児童虐待相談対応件数（速報値）」。

子どもの貧困とは、子どもの権利条約で明記されている子どもの権利が保障されていない生活状況で、①衣食住などの基礎的生活が保障されないままにいる貧困世帯のもとで暮らしている子どもの存在のことです。子どもの場合はとくに、②教育・進学の権利が侵害されたままにあり、国・自治体から「見捨てられた」状態にある子どもの実態でもあります。さらに、③人生はじめの段階＝子ども期において希望（人生へのチャレンジ権）を奪われやすい状況に置かれている子どもたちの実態のことをいいます。

厚生労働省の調査によれば（**表1－1**）、1985年に10・9％だった子どもの貧困率は年々増え、2012年の16・3％をピークに、2015年では13・9％と2・4％の改善がみられました。しかし最近の統計不正問題をみていると、この数値自体も疑ってみたくなります。ユニセフ（国連児童基金）が、最貧困層の子どもが標準的な子どもと比べてどのくらい厳しい状況にあるかの報告書＊4をまとめました。下から10％目の最貧困層の子どもと中央値の子どもとの所得格差の比較で、格差が大きいほど貧困の深刻度が高いということですが、日本は先進41か国中34位です。貧困の格差が少ない北欧諸国では、最貧困層の子どもに配分される所得は標準的な子どもの6割ほどですが、日本は4割に満たないレベルで深刻さが目立っています。

厚労省調査の中央値と貧困線が下がり始める１９９８年の前後をみてみますと、１９９６年には労働者派遣法の改悪によって派遣労働の対象業務を16種から26種に拡大し、１９９９年には原則自由化し、非正規労働者が急増していきます。１９９５年には、正規労働者が約３８００万人、非正規労働者が約１０００万人でしたが、２０１５年には正規は約３３００万人と減少し、非正規は２倍の約２０００万人と急増しています。

厚労省の「平成29年賃金構造基本統計調査」によれば、男女合計の平均賃金（月額）は正規で32万１６００円、非正規被雇用者で21万８０００円、雇用形態間賃金格差（正社員・正職員＝１００）は、男女計で非正規では65・5％と3分の2程度となっています。女性だけをみれば、正規26万３６００円、非正規18万９７００円ですので、とうてい健康で文化的な自立した生活ができる賃金ではありません。この性別、

2009年	2012年	2015年
16.0％	16.1％	15.6％
15.7％	16.3％	13.9％
14.6％	15.1％	12.9％
50.8％	54.6％	50.8％
12.7％	12.4％	10.7％
万円	万円	万円
250	244	245
125	122	122

得をいう。実質値とはそれ
ある。

表1－1　相対的貧困率・子どもの貧困率の年次推移

調査実施年	1985年	1988年	1991年	1994年	1997年	2000年	2003年	2006年
相対的貧困率　（%）	12.0%	13.2%	13.5%	13.7%	14.6%	15.3%	14.9%	15.7%
子どもの貧困率	10.9%	12.9%	12.8%	12.1%	13.4%	14.5%	13.7%	14.2%
子どものいる現役世帯	10.3%	11.9%	11.7%	11.2%	12.2%	13.1%	12.5%	12.2%
大人が一人	54.5%	51.4%	50.1%	53.2%	63.1%	58.2%	58.7%	54.3%
二人以上	9.6%	11.1%	10.8%	10.2%	10.8%	11.5%	10.5%	10.2%
名目値	万円	万円	万円	万円	万円	万円	万円	万円
中央値　(a)	216	227	270	289	297	274	260	254
貧困線　(a/2)	108	114	135	144	149	137	130	127

注：なお貧困率はOECDの作成基準に基づいて算出している。名目値とはその年の等価可処分所得を1985年を基準とした消費者物価指数（持家の帰属家賃を除く総合指数）で調整したもので
出所：厚生労働省「国民生活基礎調査の概況」から著者作成。

雇用形態別の平均格差に加えて、企業規模別、産業別、学歴別、都道府県別の格差がさらに格差を広げることになっています。加えて日本のひとり親世帯の貧困率は54・6％と、経済協力開発機構加盟34か国で最悪です（OECD、2014年）。ひとり親世帯の中心は母子世帯です。母子世帯の就業率は80％を超えますが、働くシングルマザーのうちパート・アルバイトなど非正規雇用の割合は43・8％で、シングルファーザーは非正規雇用の割合が6・4％で、ひとり親世帯でも母親と父親では所得という面では大きな格差があります。このように、賃金（稼働所得）という、生活の「土台」のところが貧困化しているのです。

子ども虐待の背景に貧困あり

「児童虐待相談のケース分析等に関する調査」（全国児童相談所長会、2009年7月）の虐待と貧困の関係を整理した調査報告から紹介しますと、

①虐待者の就労状況では、正規就労が29・6％という実態にあり、世帯の経済状況として課税世帯は3分の1にすぎないのが実態です。

②家族形態としては、ひとり親家庭が多いことも特徴です。とくに母子世帯が貧困と直結する（半数を超える）現状にあることはわが国の政策的貧困の結果といえます。

③さらに虐待につながる要因として、経済的な困難、虐待者の心身の状況、ひとり親家庭、夫婦間不和、不安定な就労などの実際があります。

④また個々の保護者が抱える問題をみますと、複合的な生活問題を抱えている点にも特徴を見いだすことができます。

経済的な困難が生活のベースにあり、その上に多くの問題を抱えやすいのがひとり親家庭の実際です。夫婦間に不和やＤＶがあり、就労が不安定、孤立しているといった、「支えやサポートがない状態」が世代を越えて連鎖しているという暮らしの実際があります。

加えて、虐待の深刻度別という点から子どもの状況をみますと、とくに子どもの年齢が低い場合には子どものいのちの危機に直結する可能性がきわめて高いことも深刻な状況です。

今日の状況は子どもの貧困と虐待の関係を見通したうえで、解決への道筋をつけていくことが国・行政とわたしたちおとなに問われているのです。

3　国家の介入と虐待
――復古的な家族観と家庭教育支援法案

虐待問題から家庭への国家介入の道

子どもの虐待と貧困問題は、国家責任として解決・緩和・軽減していくことが問われている社会問題ですが、安倍政権は、子どものいのちと人権が奪われている問題を解決するかのように装い、別の意図をもって国家が家庭に介入しようとしています。一面では虐待問題に取り組んでいる状況を大々的に報じているのですが、それは一つの側面で、この機に乗じてほかの意図を政策に潜ませていることをみなければなりません。つまり「別の意図」とは、家庭を国家の政策推進機関とするための意図であり、「家庭教育」（教育基本法第10条）を通して子どもたちを含めた伝統的家族像に再編成することが大きな狙いとなっているのです。第10条（家庭教育）は、「父母その他の保護者は、子の教育について第一義的責任を有するものであって、生活のために必要な習慣を身に付けさせるとともに、自立心を育成し、心身の調和のとれた発達を図るよう努めるものとする。2　国及び地方公共団体は、家庭教育の自主性を尊重しつつ、保護者に対する学習の機会及び情報の提供その他の家庭教育を支援するために必要な施策を講ずるよう努めなければならない」と規定しており、私的な領域である家庭における人間づくりへの介入を意図しているといえます。

それは憲法24条の改正（案）、家庭教育支援法（案）、青少年健全育成基本法（案）などに、法的には具体化されようとしています。家族を国家政策の下請け化する動きが具体化している現実があります。

行政施策の本気度を確かめる視点は、①統計的事実と現実の事件を踏まえて、解決のための具体的な行動提起をすること、②解決に向けて、必要な専門スタッフを確保する施策を立てること、③それらを具体化するための財政措置を本気ですることなどがあります。そうした視点からみますと、安倍政権の子ども虐待問題への本気度は極めて低いといわなければなりません。

経験的感覚でいいますと、政策が前に動く要因は、①かなりの数（年間で100人を超える）の子どもたちが死に巻き込まれるような事態が起こること、②マスコミが大きく取り上げて社会的注目と行政への批判が集まること、③問題を解決するために当事者や関係者が中心となって社会運動が展開されることなど、3つがあげられます。

虐待問題と関わって、いま気になっていることは、①警察サイドから児童相談所の把握している虐待情報の全件を共有することを強く求めている動きがあること、さらに②憲法24条「改正」が9条とともに二大ターゲットになっている問題です。

①に関しては、千葉県野田市立小学校4年生の栗原《くりはら》心愛《みあ》ちゃんが2019年1月死亡し、傷害容疑で両親が逮捕された事件を受け、児童相談所と警察など関係機関による虐待情報の「全件共有」が論議になっています。児童相談所・福祉分野と警察が必要に応じて連携・協力することは必要で

すし、現在も行われていますが、「全件共有」を前提にすることについては十分な検討が必要です。警察が前面に出ることで保護者が児童相談所を利用することへの障壁となることもあります。そうした点を慎重に協議していくことが関係者に求められています。

家庭教育支援法案がめざすもの

家族問題とくに虐待問題の深刻化に伴い、その解決策として家庭教育支援法案に期待する動きがあります。

同法案の2条（基本理念）では「2　家庭教育支援は、家庭教育の自主性を尊重しつつ、社会の基礎的な集団である家族が共同生活を営む場である家庭において、父母その他の保護者が子に社会との関わりを自覚させ、子の人格形成の基礎を培い、子に国家及び社会の形成者として必要な資質が備わるようにすることができるよう環境の整備を図ることを旨として行われなければならない」（傍点筆者）と規定しています。3項も4項も私的な領域としての家庭教育に「ねばならない」規定が押し付けられています。

歴史的にみれば、こうした内容は国民を戦争に総動員するための「戦時家庭教育指導要綱」（1942年に発令）に酷似しています。同要綱は「我ガ国ニ於ケル家ノ特質ノ闡明《せんめい》並ニ其ノ使命ノ自覚」（わが国における家の特徴と家の使命を教える）からはじまり、「国家観念ノ涵養《かんよう》」のために「家生活ハ単ナル家ノ生活ニ止マラズ常ニ国家活動ノ源泉ナルコトヲ理解セシメ」と述べられており、各家庭で国家が求める〝教育〟が徹底されることを求めているのです。家庭は「産めよ、殖やせよ」で扇動することをとおして「戦力」の生産が奨励されました。母と家庭は健全な兵士予備軍を育てて戦地に送り出す役割を担わされ、政府は「家庭教育」の名のもとに家族道徳に介入してきた歴史があります。

「家庭教育支援」を政府がいうのであれば、待機児童問題を解決する認可保育所の増設や子育て支援策の充実、返済義務のある貸与型ではなく、返済しなくてもいい高校・大学進学を保障する奨学金制度の充実など、いま国民が求めている環境整備を進めるべきです。

憲法24条の「改正」と国家の介入

憲法24条の基盤となったベアテ草案*5は、「親の強制ではなく相互の合意に基づき、かつ男性の支配ではなく両性の協力に基づくべきこと」を定め、「個人の尊厳と両性の本質的平等の見地に立って定める法律が制定されるべきである」と書いています。その原点を覆そうとする憲法「改正」が強引にすすめられようとしています。

歴史的にみても国家の介入と支配は、国家権力や政府機関だけでなく、民間団体や地域の住民運動が国家の政策に合流・組織されていく過程でもありました。

民間団体の筆頭には、国会議員の4割が加入しているといわれる「日本会議」があります。「日本会議が目指すもの」の「2　新しい時代にふさわしい新憲法を」として「自国の防衛を他国に委ねる独立心の喪失、権利と義務のアンバランス、家族制度の軽視」などの問題を改革する憲法「改正」が明確に位置づけられています。教育の実際に関して「特に行きすぎた権利偏重の教育、わが国の歴史を悪しざまに断罪する自虐的な歴史教育、ジェンダーフリー教育の横行は、次代をになう子供達のみずみずしい感性をマヒさせ、国への誇りや責任感を奪っています」という認識を前面に立てて、家族のあり方に焦点を当てた、憲法「改正」を先導しているのが「政策提言と国民運動を推進する民間団体」としての「日本会議」の存在です。*6

さらに「核家族化や地域社会のつながりの希薄化等を背景として、子育ての悩みや不安を抱えたまま保護者が孤立してしまうなど、家庭教育が困難な現状」に対して「家庭教育支援チーム」が文部科学省のもとで推進されている現状があります。２０７団体が全国各地の自治体で結成されています。*7

いま憲法「改正」を阻止する運動においても、子どもの虐待を根絶する運動においても、あらゆるステージで草の根の運動を展開することが求められていることを確認しておきたいものです。

4　ネットいじめ
――その特徴と教育的克服への取り組み

改善された課題と残された課題

２０２０年４月現在、１９６の国と地域が締約国となった「子どもの権利条約」が１９８９年11月21日に国連総会において全会一致で採択されて31年がたちます。締約国とは、条約を批准（その国の国会で法律として承認）、加入（署名の工程を省きそのまま条約を受け入れた国）、あるいは継承している国のことで、日本は同条約を国会で審議、承認し国際的に宣言した国のうち１５８番目の批准国です。条約を批准していない国は残すところ一か国で、それはアメリカ合衆国です。

アメリカが子どもの権利条約を批准しない理由には、①国連の人権拡充のスタンスに対して、もともと積極的ではないことがあります。②子どもの人権の尊重が子どもをわがままにすることで家族を破壊するという政治的潮流があること。さらに③子どもに社会権を認めることに否定的な考えが根強くあることなどをあげておきます。

子どもの権利条約は各国において子どもを大切にする政策や法律を改善し、予算を増やしてきました。世界的に子どものいのちに関して、子どもの権利条約成立時の年間１２６０万人だった5歳未満児の死亡数は、ユニセフの報告によれば、２０１８年では５３０万人と半減しています。また毎年280万人の妊婦と新生児が、ほとんどの場合、予防可能な要因で亡くなっています。11秒に1人が命を失しなっているのです。人身売買や性的搾取などの課題解決の原動力となってきました。

その一方で、世界中で多くの子どもたちがいじめや虐待・暴力にさらされており、その数は年間10億人といわれています。人身売買と児童婚は年間約1200万人が犠牲となっています。

ネットいじめとは何か

文部科学省の調査によると、ここ数年「パソコンや携帯電話での中傷や嫌がらせの認知件数」は増加の一途をたどっており、2014年では7898件、2015年9187件、2016年1万779件、2017年1万2632件、2018年には1万6334件と増加しています。これもあくまでも氷山の一角であり、とくにネットいじめの多くは水面下で見えない状態に置かれています。

「ネットいじめ」とは、インターネット上のいじめで、特定の人間に対して人権侵害を行う行為です。いじめを行う側は「あそび」感覚であることも少なくないのですが、これまでの事件にみられるように、いじめの対象となった子どもが自死へと追い込まれることも少なくありません。生きた心地がしない状況や引きこもりなど被害者が友人関係などを自ら遮断してしまう状況がしばしばみられます。

具体的には、①掲示板・ブログ・プロフィールへの誹謗・中傷の書き込み、個人情報の無断での掲載、なりすましでネット上の活動を行うこと、②メールで特定の相手への誹謗・中傷などを行う、「チェーンメール」で悪口などを送信する、「なりすましメール」で誹謗・中傷を行う、③「チャット」やSNS（ソーシャル・ネットワーキング・サービス）を利用して、誹謗・中傷の書き込みを行うことが増加しています。

こうした現状を踏まえて「ネットいじめ」の特徴をあげると、第1に、悪口・誹謗中傷・秘密の暴露などが匿名で書き込まれ、加害の相手がきわめて特定しづらいことがあげられます。

第2に、だれもが見える、確認できるということではなく、「気づかない場所でいじめが進行する」という特徴があげられます。

第3として、対人的ないじめなどはとくに暴力などをともなえば傷跡などの証拠が残りますが、ネット利用では「いじめの証拠を残さない」ということもできます。フェイスブックなどではストーリーという機能があり、発信内容に悪口を忍び込ませ、一定時間が経過したら消してしまうというものです。悪口や中傷を書いても、一定の時間がたてば消えてしまうので、証拠がつかみにくいということです。

どう対応することが必要か

ネットいじめの特徴を踏まえて、教育的とりくみについて、ユネスコ編『改訂版　国際セクシュアリティ教育ガイダンス』*8（以下「ガイダンス」）を紹介しながら考えてみます。

「ガイダンス」の5章のなかで、「4　暴力と安全確保」（翻訳書、103～112頁）が学習内容として提示され、年齢別（4つのレベル）の学習課題が示されています。「4‐3　情報通信技術（ICTs）の安全な使い方」（同、110～112頁）を中心に関連する内容を紹介します。

〈学習内容（5～8歳）〉キーアイデア：インターネットやソーシャルメディアは情報収集や他者とつながる方法であり、安全に使うこともできる一方、子どもを含めて人々が傷つけられるリスクを持っている。

「学習者ができるようになること」として「インターネットやソーシャルメディアで自分が不快に思うことや怖いと感じることをしてしまったり、見てしまったりした場合、信頼できるおとなに伝えるさまざまな方法を明らかにし、実際にやってみる（スキル）」ということが、5～8歳の課題と設定されています。

〈学習内容（9～12歳）〉キーアイデア：インターネットやソーシャルメディアの使用には特別な注意と思慮が必要である。

「学習者ができるようになること」として「インターネットやソーシャルメディアの利点と起こりうる危険性について具体例を説明する（知識）」ことがあげられています。

〈学習内容（12～15歳）〉キーアイデア：インターネット、携帯電話、ソーシャルメディアは望まない性的扱われ方の原因になる可能性がある。

「学習者ができるようになること」では「インターネット、携帯電話、ソーシャルメディアを使う際の安全を守るための行動や計画を立て実行する（スキル）」ことがあげられており、被害者にならないだけでなく、加害者にならないための具体的な学びが求められています。

〈学習内容（15～18歳）〉キーアイデア：ソーシャルメディアの使用は有益なことも多いが、注意深い閲覧が求められる、道徳的、倫理的、法的な状況もあり得る。

「学習者ができるようになること」では「ソーシャルメディアの使用は利点も多いが同時に、安全でない状況や違法行為に結びつく可能性もあることを認識する（態度）」課題があげられています。

「ガイダンス」はこれらの課題について、「知識」「態度」「スキル」という3つの柱で学びのしくみが構想されています。ネットいじめに対する教育的とりくみには、①ソーシャルメディアの利点と危険性を具体的に学ぶこと、②ソーシャルメディアの安全な使い方を実際に学ぶこと、③危険性や不快に思う内容があれば、「信頼できるおとな」に伝えることがあげられます。私たち自身が信頼できるおとなになることも大きな課題といえます。

5　他者攻撃
――「最大の防御は攻撃なり」の関係性の罠

いじめ問題は一筋縄ではいかない

いじめ問題は実に多種多様な現実があり、ひとつの角度からの分析や理論だけでは捉えられません。いじめは身体的暴力が必然的にともなっている集団的な攻撃性の現れとして捉えられてきましたが、現在においてはネットいじめにみられるように具体的な身体的暴力が介在しない現実もあります。いじめの現状をみると、人間は身体的な苦痛よりも仲間から集団でシカト（無視）されるなどの心理的な苦痛が大きなダメージとなる可能性が高い面があります。またいじめの結果、衝動的に自殺するという認識も、必ずしもそうではなく、用意周到に自死の決断をしていることが多いのです。

１９８０年代の後半くらいまでは、いじめは成長過程でふつうに発生する行為で、それほど深刻な社会問題にはなっていなかったといえます。そうした社会の認識は、子ども集団の深層に発生している事実に、眼差しと実践が接続していなかったという面もあるといえます。日本のいじめ問題への注目と世論が現在のような認識に転換する決定的な事件として、東京都内の中学校に在籍していた２年生の鹿川裕史《しかがわひろふみ》君が１９８６年２月に、いじめにより自死した事件があります。彼へのいじめは日常的に繰り返されていましたが、さらに同級生の「鹿川君がもういないことにしよう」というたくらみから、１９８５年11月のある朝、鹿川君の「葬式ごっこ」がクラスの多くを巻き込んで実行されました。クラス担任を含む４人の先生までもが単なる〝おふざけ〟と思い、生徒に促されるままに色紙に弔辞を書いたのです。学校という環境のなかで自らの存在を消し去るような圧倒的多数のいじめが実行されたのです。さらにいじめは継続・エスカレートし、「葬式ごっこ」から３か月後、とうとう盛岡駅のトイレで、鹿川君は首をつって亡くなりました。その場に残された遺書には、彼をいじめた同級生の名前をあげたうえで「このままでは生きジゴクだから、自分は死ぬけれど、いじめが続いたら、自分が死んだ意味がなくなってしまうから、君たちも、もうこんな馬鹿なことは止めてほしい」（1992年3月27日付、読売新聞夕刊）ということが書き残されていました。

いじめを生みだす構造

国連子どもの権利委員会の日本政府第4回・第5回統合定期報告書審査「総括所見」が2019年3月5日に発表されました。*9 これまでの3回の総括所見においても「過度に競争的な教育制度」が「子どものこころとからだの健康に否定的な影響」（いじめ・不登校・自死など）を与えていることへの「懸念」を表明していました。今回の勧告では、「あまりにも競争的なシステム」がより強固にかつ浸透しているもとで、「ストレスフルな学校環境から子どもを解放することを目的とする措置」が改善課題に位置づいています。そのうえで国連の「SDGs（持続可能な開発目標のゴール）」（2030年までの達成目標）の「4・a　安全で非暴力的、包括的、効果的な学習環境を子どもたちに提供する」ことが勧告されています。

いじめには3要素があるといわれます。①「力関係のアンバランスとその乱用」、②「被害性の存在」、③「継続性ないしは反復性」という事態です。

①でいう力関係は、現状の立場の上下やパワーのあるなしだけではなく、その関係性は極めて流動的であることに注意が必要です。この点を補足しておくと、加害の側に立つ子どもたちにも被害の

側に移転する可能性が高いことを承知しているので「最大の防御は攻撃なり」という関係性の呪縛があるのです。この点こそいじめにおける「ストレスフルな学校環境」の社会的圧力でもあるのです。いじめ問題の温床はここにあるのです。②は被害者側の被害認識のリアルな現実＝被害感情＝主観的な苦痛こそが問われているのですが、この点のとくに学校関係者の認識の希薄さと気づきの弱さが問題の深刻さでもあります。③は、いじめの事実確認ができるということもありますが、一回限りのいじめであったとしても、いじめの事実を確認し対応すべきです。被害者のなかには「いじめトラウマ」というべき実態にある人たちもいます。

いじめの3つの段階

精神科医の中井久夫は、いじめが進行する段階を①「孤立化」、②「無力化」、③「透明化」に分けて説明しています。*10 いじめの進行は「人間を奴隷にしてしまうプロセス」と指摘しています。

①の「孤立化」は、いじめのターゲットにならなかった多くの周辺の子どもたちが心理的に安心し、いじめられる側にもそれなりの理由があると、周りも本人も思わされることでいじめへの「反撃」の態勢がとれない状況をいいます。それでも②は完全に屈服しているわけではないのですが、抵抗することさえできない段階に封じ込められるのが「無力化」の段階です。③は人間の尊厳を完全に奪われ、現在の状況から脱出する可能性をまったく見いだせない状況に追い込まれ、被害者の存在そのものがないものとされる状況です。その典型が「葬式ごっこ」だったわけです。この状況から

の脱出は、この現実世界からのトランス（転移）しか残されていないように被害者は感じることになります。自死という形での脱出です。

他者攻撃の原動力が他者の言動への怒りや嫉妬、気にくわなさなどよりも、攻撃の側に位置しなければ自らがいじめや攻撃のターゲットになるという強迫的な危機感が構造的につくられています。その意味で加害者の心理は「最大の防御は攻撃なり」の関係性の罠のなかにすっかりはまっているといえます。

いじめ問題を契機に（理由に）、「道徳」が小中学校の教科として加えられてきましたが、「ストレスフルな学校環境」を放置したままで、教え込み主義の「道徳」でいじめが解消されるわけではなく、一層大人に従順な子どもたちをつくることになるだけで、従順さ競争から脱落する子どもが新たないじめのターゲットになっていくのではないでしょうか。「命を大切に！」と叫び、道徳などで教訓的な出来事を素材に語っている人たちこそ、いじめへの具体的な対応には背を向けて、いじめがあった際に事実解明に後ろ向きの対応をすることがよくある現実です。いじめを生みだす「社会構造」「学校構造」「地域構造」の実態を把握することがいま問われており、構造的な改善という課題へのとりくみが国・自治体・学校・保護者に問われているのです。

6　ゼロトレランスと管理教育
――文科省のいじめ対策と学校のいじめ構造の問題点

ゼロトレランス方式とは

「ゼロトレランス（zero-tolerance）」とは、非寛容という意味です。寛容度ゼロで物事に対応することをいいます。それに対して寛容とは他者の言動などを寛《くつろ》いで、受け容れるという対応のスタンスです。

わが国における「ゼロトレランス方式」は、文部科学省が積極的に導入してきた経緯があります。「相次いだ児童生徒による重大な問題行動等への対応の充実を図る」ために、2005年9月に文部科学省が公表した「新・児童生徒の問題行動対策重点プログラム」に「ゼロトレランス方式」が盛り込まれ、全国の学校運営・生徒指導の方針とされてきました。

その内容は「『（処罰）基準の明確化とその公正な運用』という理念そのものは、学校規律という身近で基本的な規範の維持を指導・浸透させる過程で、児童生徒の規範意識（一定の規範に従って行動するという意識）を育成するという観点から、我が国の生徒指導の在り方を考える上でも参考とすべき点が少なくない」というものです。*11 この方針は単に「参考」レベルではなく、学校教育現場の運営に積極的に導入・拡大され学校の空気をつくってきました。

わが国の学校での生徒指導のあり方として導入された「破れ窓理論（ブロークンウィンドウ理論）」は、ニューヨーク市のジュリアーニ市長（当時）が、非常に治安の悪い街の対策に応用し凶悪犯罪を激減させた行政運営の中核にある考え方です。学校規律の違反行為に対するペナルティーの適用を基準化し、これを厳格に適用することで学校規律を守ろうとする考え方です。軽微な違反行為を放置すればより重大な違反行為に発展するという「破れ窓理論」をテコに徹底した管理教育へと傾斜してきました。

そもそもこの破れ窓理論は環境犯罪学の理論です。こうした犯罪学の理論を学校運営・生徒指導に適用し有効と考えているところに根本的な問題があります。

なぜいじめはなくならないのか

この見出しの問いに対する答えは、いじめは構造的に生み出され続けているのですから、その構造を変革することで、いじめは消滅への道にむかうということができます。

いじめの構造は、①教師と生徒の関係、②生徒間の関係、③保護者と生徒の関係、④保護者と学校との関係、⑤文部科学省―教育委員会―学校管理職―現場教師などの重層的な管理構造が子どもたちに覆いかぶさっているのが実際です。そのうえ、⑥地域レベルでも「青少年健全育成基本法（案）」（子ども・若者育成支援推進法の一部を改正する法律案）で管理するシステムが構想されています。

①では、教員が生徒の態度や道徳心を評価し成績をつけるという人格支配システムを強化する教育政策がすすめられています。こうした生徒の人格を軽視する政策の流れのなかで、岐阜市で2019年7月3日にマンションから中3男子生徒が転落死した事件への学校側の対応が社会的な批判を浴びています。同級生の女子生徒が「『大丈夫』と聞いたら『いやだ。やめてほしい』と言っていた」（2019年12月24日付、東京新聞朝刊には事件の経緯も書かれています）というメモを、生活ノートに挟んで勇気をもって担任教師に提出したにもかかわらず、それをシュレッダーにかけて廃棄した可能性が高いということです。ここには①だけではなく、⑤の重層的管理構造の深刻さがあります。②に関わって、過度に競争主義的な学校の構造と文化がいじめ体質をより強化しています。生徒間の競争と蹴落としあいのなかで、「ピアプレッシャー（仲間圧力）」と攻撃性が具体的に発現しているのがいじめです。

2019年7月5日に埼玉県所沢市で起こった同級生による中2刺殺事件で、殺人容疑で送検された少年が以前、亡くなった少年に教科書を隠されたことがあったとして、「問い詰めたら否定されたのでけんかになった」（2019年7月6日付、東京新聞夕刊）ことを供述しました。ほかの生徒からみると、「同じ部活で、仲良く話していた。ケンカは見たことがない」と驚いているとのことです。「仲良し」を装うことでいじめのターゲットになることの防波堤を築いている闇が子どもたちの心に忍び寄っているのです。

管理教育というじめ構造

多くの教員が現場の第一線で子どもたちと真摯に向き合っている現実があります。にもかかわらず徐々にかつ確実に生徒支配の構造が現場に浸透していることも事実です。

管理教育には2つの側面があります。支配という側面とともに隠ぺい体質がセットになっています。隠ぺい体質は、いじめやいじめ自殺事件などの対応で、学校と教育委員会は、アンケートと面接の双方で、自殺といじめにふれない調査をおこなったり、いじめの証拠を隠したりすることが少なくありません。

日本の学校は、学校生活だけでなく、市民生活や地域での生徒の行動まで学校の管理下におこうとしています。それは実際には難しいことなのですが、クラブ活動で朝練・授業・夕練と丸1日を管理することで、生徒を地域に出さない指導体制という側面があります。学校の文化は、「〇〇学校らしい生徒像」を授業、クラス活動、学校行事、部活、さらには学校外の地域生活でも学校基準の行動規範として押しつけている現状があります。いま管理教育で問われるべきもうひとつの課題は、教職員への管理強化による従順で忖度（先回りした服従）する教員像が現場に押し付けられていることです。

学校推奨の行動規範や文化規律を順守させることに躍起となっており、一人ひとりの人間の尊厳は切り捨てられる傾向にあります。現在の学校文化は、学校が推奨する道徳的で一元的な価値をより強固にしていくところに力点があります。それに対していまわたしが必要だと考える学校文化のあり方は、一人ひとりの子どもたちの人間の尊厳を大切にする文化です。その一人ひとりの尊厳と輝きが束となって学校の文化が形成されることが必要です。それは子どもの権利条約の前文を引用すれば、「人格の全面的かつ調和のとれた発達のために、……子どもが、十分に社会の中で個人としての生活を送れるようにすべき」であり、「とくに平和、尊厳、寛容、自由、平等および連帯の精神の下で育てられるべき」（国際教育法研究会訳）ことが強調されています。こうした観点から学校文化を再編・変革していく具体案が求められています。

生徒においても教師においても、本来の意味での助け合いや困っているときに助けを求める関係性と学校文化の中身が問われているのではないでしょうか。

7　子どもの貧困

——GDP世界3位の国で、なんでヒンコン

貧困とは何か—絶対的貧困と相対的貧困

日本のGDP（国内で商品を買ったり、サービスを購入したりするために使われたお金の総計である国内総生産）は2018年には4兆9719億米ドル（米ドルを同年の110円ベースで計算すると、約547兆円。一人当たりのGDPは432万円）で、アメリカ、中国に次ぐ世界3位の国です。それにしてもこれだけの経済大国で、子どもの貧困が7人に1人とは、なぜでしょう。

ＵＮＤＰ（国連開発計画）では「教育、仕事、食料、保健医療、飲料水、住居、エネルギーなど最も基本的な物・サービスを手に入れられない状態のこと」を貧困と定義し、貧困は絶対的貧困と相対的貧困に分類されています。

絶対的貧困とは、衣食住などの人間らしい必要最低条件が満たされていない状態のことです。それに対して相対的貧困とは、国、社会、地域など一定の母数の大多数より貧しい状態のことです。国際比較もできる、多くの国で採用されている相対的貧困は、「国民所得の中央値の半分未満」の状態のことです。「中央値」は50％未満と多くの国で設定されていますが、イギリスのように中央値の60％に貧困線を設定している国もあります。平均値は「すべての数値を足して、数値の個数で割った値」であるのに対して、中央値とは「データを小さい順に並べたとき中央に位置する値」のことです。中央値に対して60％というように貧困線を高く設定すれば、貧困率が高くなります。つまり貧困施策の対象を拡大するという国・行政の姿勢が示されています。

貧困への注目は、絶対的貧困というだれの目にも見える貧困への注目でしたが、現在問われていることは、「健康で文化的な生活」の観点から「普通の」暮らし以下の実態にある相対的貧困への理解が問われているのです。相対的貧困への無理解が子どもの貧困バッシングを生んでいるといえます。貧困のさまざまな顔を多角的に分析することによって、真実の姿を捉えることが子どもの貧困対策においても重要な課題となっています。

子どもの貧困バッシング（日本の貧困）

貧困バッシングは繰り返し行われてきたのですが、子どもの貧困に対してはほとんど公然とは行われてきませんでした。ところが２０１６年8月18日にＮＨＫがニュース番組で「子どもの貧困」問題を取り上げたところ、そこで名前と顔を出して発言した高校生に対するバッシングがネットなどで起きました。

片山さつき議員が「私は子ども食堂も見させていただいてますが、ご本人がツイッターで掲示なさったランチは、一食千円以上。かなり大人的なオシャレなお店で普通の高校生のお弁当的な昼食とは全く違うので、これだけの注目となったのでしょうね」[*12]とツイッターで発信し、それがリツイートされ、子どもの貧困バッシングが起こりました。それは貧困状態にある子どもはもっとつつましくあるべきという子どもの貧困イメージの押しつけでもありました。相対的貧困の理解が乏しい世論に訴えかけるツイートであり、子どもの貧困を自己責任論と結びつける動きでした。

生まれる家の経済状態によっては、必要なモノやチャンスが手に入りにくいという現実があるのに、子どもの貧困バッシングは暮らしの一場面を切り取って攻撃するのです。子どもという当事者にとっては、家族の経済的収入による格差だけの問題ではなく、ライフチャンスや居場所、希望のはく奪という現実があります。それは子ども・若者の自己責任を直接問うことにはなりにくいという面を持っています。その意味で「子どもの貧困」という用語は、貧困の自己責任論とは結び付けられにくいという有効な用語となっています。それでも子どもの貧困バッシングは、子どもたちが声をあげることへの抑圧としての意味があったのです。

政権政党の国会議員がツイッターで一人の女子高生をターゲットに攻撃することはありえないことです。「恥を知りなさい！」という言葉は、こういう人にいうべき言葉ではないでしょうか。三原じゅん子さん！（２０１９年６月24日の参院本会議で、安倍晋三首相の問責決議案を提出した野党に対し「愚か者の所業」とし「恥を知りなさい！」と発言したことがありました。数々の政権与党議員や官僚の行動にこそ、こういう言葉をお返ししたいものです。）

長期休暇で痩せる子ども

夏休みなどは、貧困状態にある子どもたちには「食のセーフティーネット」から落ちこぼされている現実が多くみられます。夏休み明けなどにかなり痩せて登校してくる子どもたちが少なくありません。「見えない貧困」の深刻さが見えるのが食生活の貧困です。貧困状態にある子どもにとって、「毎日お昼だけでも給食をとる」ということはとても大切です。普段から朝ごはんを食べない。夜ごはんも、食べていてもカップラーメンや菓子パン、よくてコンビニのお弁当など、１日のなかでまともな食事は給食だけという子どももいます。

さらに食生活だけでなく、学校に行かない期間は〝家の貧困文化〟にどっぷりと浸ることにもなりやすく、夜型の生活になったり、朝ごはんを食べなかったり、生活習慣が一層乱れて、休み明けに不登校になる子どもたちも出てきます。食生活の貧困は、生活リズムの形成のためにも改善が必要です。子どもの貧困対策は、食生活の保障という健康に直接かかわる課題について、ＮＰＯ法人などの民間がとりくんでいる「こども食堂」だけに委ねるのではなく、学校の給食施設を活用して朝食サービスを具体化すべきです。

アメリカでもイギリスでも学習条件の重要な柱として、学校での朝食提供を登録制で行っています。「早寝、早起き、朝ごはん」運動から落ちこぼされている子どもたちがいれば、親が責任を果たせるように支援していくことが公的責任として問われているのです。

政府は、都道府県別の子どもの貧困率などを正確に把握するため、統一指標を用いた全国調査を２０２０年度に実施することになりましたが、コロナ禍のなかで具体化については不明です。子どもの貧困の現実に焦点を絞った生活の充足度を直接確認する「剥奪指標」を用いた実態把握の全国調査としてははじめてです。「剥奪指標」とは、生活水準を具体的直接的に測定しようとするアプローチの指標です。たとえば、「一日三食の食事ができているか」「家庭に学習用の机とイスが用意されているか」「病気のときに病院に行って治療を受けられているか」など、より具体的直接的に貧困の実態を測定する方法です。全国規模での比較分析をしやすくするのが目的で、内閣府は２０２０年度予算概算要求に関連予算を盛り込むことになりました。法律、大綱などがつくられ、国民生活基礎調査でも「子どもの貧困率」は１９８５年から継続的に把握されてきました。いま政府に問われているのは、憲法25条のある国で〝あってはならない〟子どもの貧困を根絶する本気度です。

8　子どもの貧困と世代間連鎖
――生まれた家庭で子ども格差があるのはしょうがない

貧困と子どものライフチャンス

どの家庭に生まれるのかによって、子ども期の可能性と人生の選択肢の幅に大きな格差があるのが現実です。それは子ども期だけの貧困経験にとどまらず、その後の人生に大きな影響を与えているという「貧困の連鎖」が統計的にも確認されています。

乳幼児期から児童期における貧困生活は、学習的知的な主体的体験に乏しい暮らしになりやすく、そうした①感情・意欲をはぐくむ上で格差を生み、②認識・操作能力の形成の格差を広げ、③努力という具体的な行動の格差に連動し、結局は④希望（人生へのチャレンジ権）を生み出す格差へとつながっていく可能性が大きいのです。子どものライフチャンスは、さまざまな局面がありますが、その局面を主体的に、希望を持った選択ができているかどうかが問われているのです。ライフチャンスとは、社会的に準備されている選択可能性と社会的なつながりの範囲で個人が活用できるチャンス（見込み）のことをいいます。

図1－4「子どもの貧困の再生産サイクル」にあるように、「子育て世帯の低所得・貧困」は「子ども世代の貧困生活」を規定しており、「教育機会の剥奪・低減」を招き、「子ども期の階層化」を

生み出します。すでに小学校高学年から中学校段階の時期には、大学進学を予想した生徒時代を送るのか、そうでない道を選ばざるを得ないのかといった分かれ道が待ち受けています。子ども自身が社会階層を体感し、自覚的にならざるを得ない「子ども期の階層化」が現実のものとなっているのです。

ただし子どもの貧困生活が必ず世代間連鎖するというわけではありませんが、その連鎖の可能性が高いことは見ておかなくてはなりません。問題は、貧困の連鎖を放置しないで、どの時期に、どのような支援と権利を保障し、政策的な対応をしていくのかを真摯に探究しているのかが国および私たちに問われているのです。

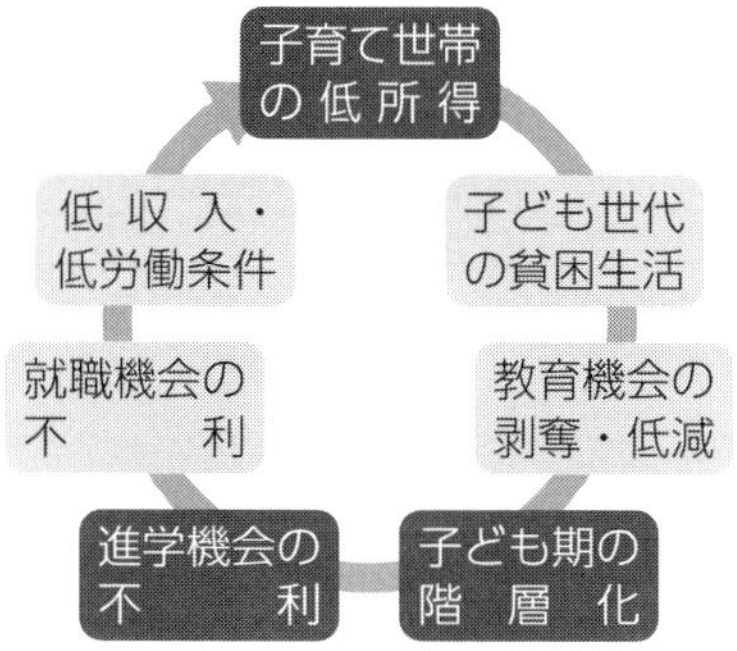

図１－４　子どもの貧困の再生産サイクル

出所：著者作成。

子どもの貧困の固定化と再生産

大阪府Ｓ市の生活保護受給をしている３９４２世帯から１割の世帯を無作為に抽出した調査の結果、世帯主が育った家庭でも生活保護を受けていたのは、３９０世帯中98世帯（25・１%）。さらに2世代続けて生活保護を受ける率がもっとも高かったのは母子世帯で、１０６世帯のうち43世帯（40・６%）でした。このうち、母親が10代で出産、貧困家庭で育った経験をもつ世帯は28世帯（26・４%）。また、世帯主の最終学歴をみると、中学卒業もしくは高校中退が390世帯中283世帯（72・6％）を占めているという実態があり、学歴がその後の経済状況、生活環境に大きく影響している現実が確認されています。

こうした調査結果から、世帯主・家族の学歴や経済状況が子どものライフチャンスに大きく影響しているといえます。とくに母子世帯においては親の貧困が継続・固定・再生産される可能性が著しく高いのが実際です。*13

さらに親の収入と子どもの学力の関係に関して、文部科学省の「世帯所得と児童の学力の関係」では、親の収入が高い世帯と低所得世帯（200万円以下）を比較した場合、年収1000万円以上の世帯は6割以上が4年制大学へ進学の道を歩み、年収が低い世帯ほど就職を選択する高卒者の割合が高いのが現実です。こうした貧困の固定化と再生産の構造があります。どの家庭に生まれるかによって子どもの希望の輝き度がちがうのが現実です。人生はじめのスタートラインは横一線ではない日本の現実が、子どもの貧困に集中的に現れているのです。

フィンランドにおける子どもの平等権保障

子どもの貧困率を所得の再分配（資本主義社会の市場原理・自由競争原理に委ねておくと、必然的に生じてしまう所得分配の不平等を是正するために、政府が社会保障と税の控除などの財政手段を用いて、低所得者に所得移転を行う政策）によって、2010年の状況で、「子ども貧困率を当初所得と再配分後の比較」でみると、フィンランドは15・8％から4・2％に減らしています（**表1－2**）。

フィンランドの基本的なスタンスを紹介しておきましょう。

憲法にあたるフィンランド基本法（1999年6月11日法令第731号）第2章　基本権　第6条　平等の条項では、「①人間は、法律の前において平等とする。②何人も、合理的な理由なく、性別、年齢、出身、言語、信仰、信条、意見、健康状態、障害又はその他の個人的事情に基づいて異なる取り扱いをされてはならない。③子どもは、個人として同等に扱われなければならず、また、そ

表1－2　子ども貧困率、当初所得と再配分後の比較

（単位：％）

	当初所得	所得再分配後の可処分所得
オーストラリア	27.3	11.8
ベルギー	22.9	10.0
カナダ	23.7	15.1
チェコ	30.7	10.3
デンマーク	13.1	2.7
フィンランド	15.8	4.2
フランス	21.6	7.6
ドイツ	27.0	16.3
アイルランド	25.8	16.3
イタリア	24.4	15.5
日本	12.4	13.7
オランダ	20.0	11.5
ニュージーランド	27.4	15.0
ポルトガル	17.5	16.6
スウェーデン	15.0	4.0
スイス	12.8	9.4
英国	25.1	10.1
アメリカ	27.4	20.6

原注1：2000年代中頃。
原注2：日本の「子どもの貧困率」に関しては、国際的にみて高い水準にあること、再分配前後で比較した場合に、再分配後の方が貧困率が高くなること（日本のみ）が指摘されている。
原注3：OECD「Growing Unequal？（2008）」より厚生労働省政策統括官付社会保障担当参事官室作成。
出所：厚生労働省「平成23年版　厚生労働白書　社会保障の検証と展望」ほかより著者作成。

の成長に応じて、本人に関することに影響を及ぼすことができなければならない。④両性の平等は、法律で詳細に定めるところにより、社会的活動及び労働生活、特に賃金及びその他の労働条件に関する決定において、促進される[*14]」とあります。

フィンランドでは、1990年の「子ども福祉法」の改革によって、子どもが自分に関するケア（福祉措置）を受ける決定又は施設入所決定に対して代替意見を述べる権利が15歳から12歳に引き下げられました。また、子どもが裁判所に異議申し立てする権利を有することも明記されているのです。

子どもの権利条約が基本法にも子ども福祉法にも浸透している現実があります。さすがフィンランド！

9　格差・貧困と学力

——学力の格差が表面化する転換期を考える

「学力」とその価値をめぐって

さて、「学力」とはどのようなちからのことをいうのでしょうか。学力という用語は、何を対象にしているのかがあいまいであることも少なくありません。学校教育法第30条2項では小学校の場合、「生涯にわたり学習する基盤が培われるよう、基礎的な知識及び技能を習得させるとともに、これらを活用して課題を解決するために必要な思考力、判断力、表現力その他の能力をはぐくみ、主体的に学習に取り組む態度を養うことに、特に意を用いなければならない」（傍点は筆者）と規定しています。

その法的な規定を受けて、学習指導要領では「学力の3要素」について、①基礎的・基本的な知識・技能、②知識・技能を活用して課題を解決するために必要な思考力・判断力・表現力、③主体的に学習に取り組む態度、とまとめられています。

しかし一般的に学力は、学びの到達点をテストなどによって評価した数値、また意欲・態度などについて教員による主観的評価がなされることをいう場合もあります。その点では学力は、学校教育だけでなく学習塾やパソコンなどの学習ツールがあるか否かも含めたさまざまな学びの経験を、同一尺度（テストによる到達度評価）で評価したものであると理解されています。

学習を通して学んだことをどこまで自らの知識や技能としてきたかという学びの成果を示す「学力」という側面と、主体的に「学ぶ力」という意味での「学力」の側面があり、こうした両面からの「学力」があります。その点でいえば、わが国の学力観は何を学んだかに重点がありますが、学びの課題に対して「これから何ができるのか、何を目標に取り組もうとするのか」というもうひとつの力点が希薄ではないかと考えます。こうした学力のふたつの側面でいえば、教育実践には「学ぶ力」を形成することを通して、子ども・青年たちがその後の人生において学び挑戦し続けるための基盤を築くという課題があるのです。そうした点からみると、格差・貧困が学力を形成するうえ

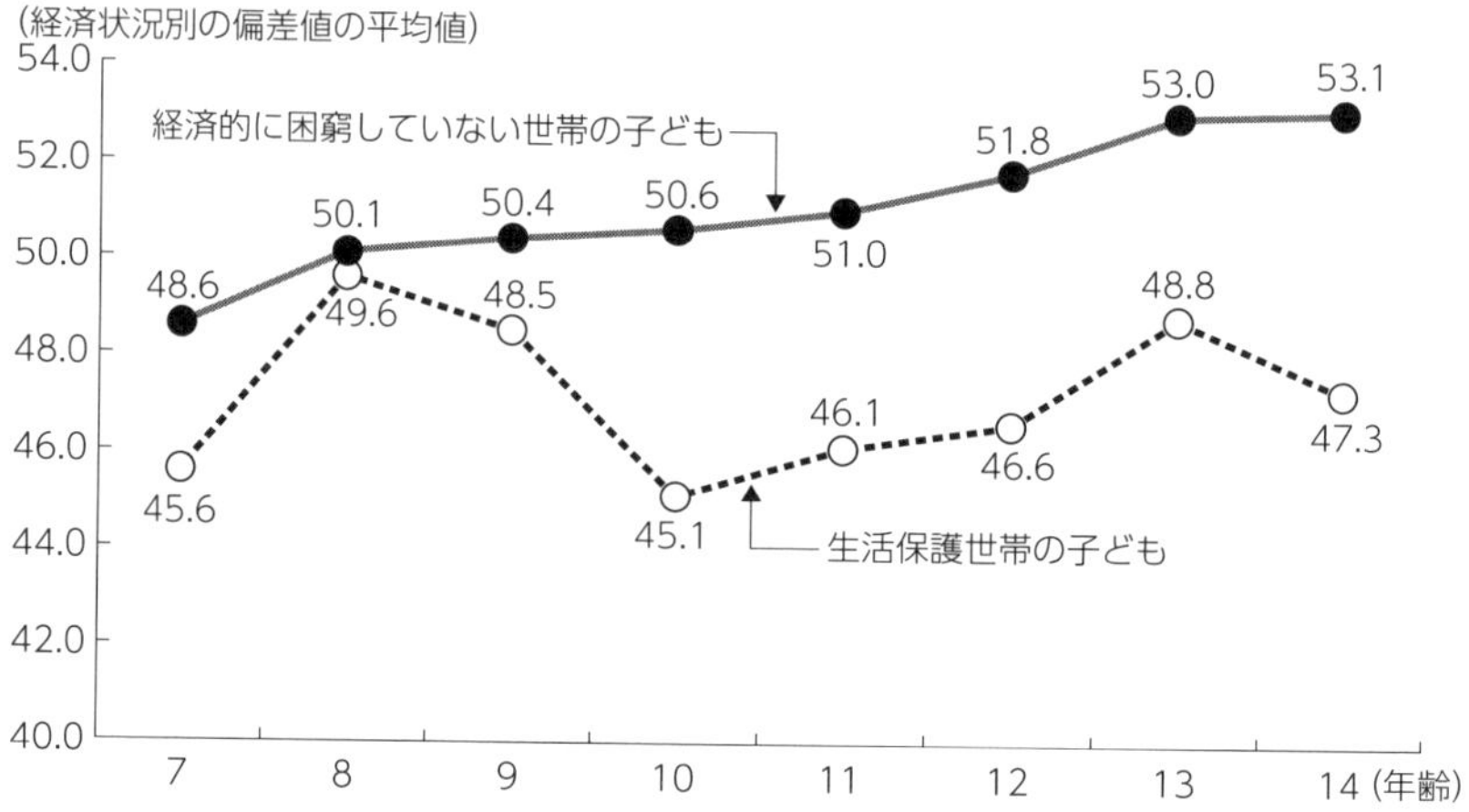

図1－5　経済的に困窮していない世帯と生活保護世帯の国語の偏差値の推移

出所：日本財団「家庭の経済格差と子どもの認知能力・非認知能力格差の関係分析―2.5万人のビッグデータから見えてきたもの―」(2018年1月)、23頁。

で、発達を阻害する大きな関門となっているのが実際です。

統計的な現実から

公益財団法人日本財団「家庭の経済格差と子どもの認知能力・非認知能力格差の関係分析―2・5万人のビッグデータから見えてきたもの―」(2018年1月)*15 の調査結果を参考に、格差・貧困と学力の関係を考えてみましょう（**図1－5**）。

国語の偏差値に対する貧困の影響をみますと、7～9歳（小学校1～3年生）については、非貧困世帯と生活保護世帯で、偏差値の差はそれほど大きくはありません。7歳では3・0、8歳では0・5の差しかないのです。しかし、10歳（小学校4年生）から偏差値の差が大きく開き、小学校高学年ではその差は5・5と非常に大きくなっています。その差は14歳（中学2年生）では5・8

となります。10歳以降の義務教育段階においては偏差値の差は固定化されているのです。

さらに算数・数学の偏差値の差をみても、国語と同じように差が広がっており、9歳時点ではその差1・8ですが、10歳以降では5・4から6・3まで広がって、14歳で4・6という差となります。ではどうして小学校高学年に入るところで「学力」の顕著な差が生まれるのでしょうか。

学力の格差が表面化する転換期と支援のあり方

貧困は子ども期の可能性と人生の選択肢の幅に大きな影響を与えており、学力の形成に関する格差となっていることを統計数値のレベルで読み取ることができます。**図1－5**でみるように、9、10歳の年齢段階で有意な学力の格差が現れています。

格差・貧困の影響は、発達段階でいえば、「具体的思考」から「抽象的思考」の発達段階への質的転換の時期に「学力」問題として顕在化しています。具体的思考とは、実際に目に見える事物を前にして考えをめぐらすことであり、また具体的体験をもとにして思考することができる能力が形成される段階をいいます。そうした発達段階を踏まえて、抽象的思考力とは、実際に見たり触ったりしなくても実体を理解したり、イメージしたりできる発達能力のことをいいます。たとえば小説を読んで、文字と文脈を通して想像することができること、あるいは全体の30％が賛成しているということを聞いて、自らが一定の方向を出す判断をすることなども抽象的思考能力が形成されているからです。目には見えなくても、30％がどのくらいの人数であるのかを想像的に理解することにもなります。抽象的思考力の発達によって、実際に自分の目で見たり体験したりしなくても、さまざまな情報や知識を獲得することで自分が経験していないことを把握し予測し変革していくことも展望することができるようになります。乳幼児期から学童期（小学校低学年）において体験的学びのチャンスを多く蓄積することを通して、抽象的思考を獲得する基盤が形成されるのです。

豊かな生活体験を保障することで、知識と技能の獲得を通して未来への展望を切り拓く基盤が形成されるのです。ここに子どもの貧困克服の重要な課題があるのです。

10　子どもの未来を描くための手がかり　1　災害遺児

――その時を支援する国であるために

子どもの未来を阻むもの

子どものいのちを守るうえで、緊急的な福祉が課題となる三大要因として、①貧困・飢饉、②地震・災害、③戦争であることが児童福祉問題史のなかで共有されてきました。現代においても、①子どもの貧困が社会的な焦点となっており、②東日本大震災においても２４１人の災害遺児がいることが報告されています。③日本は第二次世界大戦の終結以降、再び戦争に足を踏み入れていませんが、戦後の復興の重点課題は経済の再編成と国民生活の安定でした。したがって直接的な経済の担い手ではない戦争孤児は優先すべき支援の対象とはならなかったのです。終戦から2年半後に実施された「全国孤児一斉調査」（1948年2月現在）では12万3511人が確認されています。実際はもっと多くの孤児がいたことも想像に難くありません。

子どもの未来を阻む要因は、さまざまな社会的要因に加えて自然災害があります。しかし①の貧困は自然災害にともなう被害ではなく、構造的政策的につくられているのです。③の戦争はまさに戦争推進政策によって生み出される最大の暴力です。戦争政策は健康で文化的な生活の破壊と不可分の関係ですすめられます。アジア太平洋戦争が終わる前年（1944年）の国家予算の95・5％は軍事費で占められるまでになっていました。[*16] 戦争は戦争孤児、寡婦（夫を失った女性）、障がい者を確実に生み出します。

さらに②の地震・災害について最近の各地の台風などによる災害状況をみると、防災や都市計画の不備が行政施策の問題点としてあげられます。

東日本大震災の災害遺児をめぐる課題

「東日本大震災における震災孤児等への支援に関する調査研究報告書[*17]」で、詳細な調査を踏まえた報告がまとめられているので参考に考えてみましょう。

東日本大震災の災害遺児（震災孤児）は総数で241人を数えており、被災直後からさまざまな支援活動が行われてきましたが、地震と津波被害から9年が経過しており、子どもや被災家庭に対する支援の輪が縮小している現状があります。これらの災害遺児のうち、被災当時、中高生だった人は約半数を占めており、学生生活から社会的自立の道を歩みはじめています。これらの人たちは人生の大きな転機を迎えており、どのような支援が必要であるのかの検討が必要な時期となっています。災害遺児に対する支援のあり方について提案をすることにします。

先の報告書の自治体調査（自治体集計では災害遺児は２５１人）でみると、①災害遺児の約半数（１２７人）が「親族里親」が委託先となっています。「里親申請をしていない親族等」が27人であり、委託先がわかっている子どもの約９割が親族のもとに引き取られています。親族が預け先となった場合の里親申請については、「原則、里親申請を勧めた」が約20％、「制度等の情報提供は積極的に行ったが、申請については親族の意向に任せた」が約36％となっており、半数が親族里親という制度について自治体側から情報提供がなされていました。

一方、親族里親が委託先となった孤児のうち、満年齢で18歳になるまでに養子縁組や施設入所、婚姻などにより措置解除となった子どもが６人（５％）おり、これは継続的なケアのあり方としてはかなり安定的な関係が形成されているといえます。親族里親の活用のあり方は、里親制度をより機能させるうえで、真摯に検討すべき課題であるといえます。

どのような支援が求められるか

現在も災害遺児とのかかわりがある自治体は調査自治体の約３割、その内容は国の調査として年１回の実施という状況であり、その調査以外で災害遺児とのかかわりがある自治体は４分の１程度で、災害遺児の窓口は児童福祉関連の担当課となっています。児童相談所の里親委託児童への支援、支援金の給付等では年齢的には18歳未満または高校生までの支援となっています。自治体の支援には年齢上限が設けられているので、災害遺児との継続的なかかわりが難しくなっています。支援の必要と実態に基づくのではなく、年齢によって支援が断ち切られることで、労働生活への適切な接合ができない現実があることを考える必要があります。災害遺児たちの支援課題は、抱える生活問題の①緩和、②改善、③解決という3段階があります。そして次のような支援が求められているのです。

（1） 遺児の養育者の変更は、人間関係の再形成という点で困難とリスクが高くなることが少なくありません。子どもたちが新たな課題にチャレンジすることを支援する必要があります。養育者がかわる場合など、未成年後見人制度などを活用して、第三者が適切に関わることで、遺児の生活環境を見守ることが大切になります。

（2） ライフステージに応じて経済的な支援等の充実という課題が浮上してきます。本人の選択や能力に応じた進路の選択ができるためには、経済的な支援とともに継続的な学習支援が求められます。

（3） 経験の共有や仲間づくり・居場所づくりの支援の充実が求められています。震災の経験を受け入れるためには、自分のことを話したり、震災を経験した同じ立場の仲間と思いを共有したりする機会が重要なこととなります。

（4）　心のケアの継続的な支援は必要不可欠です。被災直後から、遺児の心のケアに対するニーズは大きく、継続される必要があります。時間がかなり経過してからケアが必要になる場合もあり、一律に期限を切って行うものではありません。専門的な判断と本人の希望を踏まえながら、長期的継続的に心のケアを行うことが必要です。あわせて子どもを喪《うしな》い遺《のこ》された保護者への心のケアも、また長期に継続されるべき支援内容といえます。

なお、災害遺児への支援は、各自治体で実施されていますが、その内容は金銭給付が基本となっています。たとえば、川崎市の場合、「災害遺児等福祉手当」として「災害により、児童の父または母等が死亡、または身体に重度の障害を有することとなった場合、その児童を扶養している保護者に対して、災害遺児等福祉手当を支給し、児童福祉の増進を図ることを目的」としています。手当額は18歳未満の児童一人につき、月額３０００円で所得制限はありません。これも自治体によって差があります。

災害遺児問題は、たとえ家族と別れて子どもひとりになっても、子どもを見捨てない社会をめざすという意味があります。支給金額はまだまだ改善されなくてはなりませんが。

11　子どもの未来を描くための手がかり　2　福島の子ども
――コミュニティを支援する国であるために

原発避難者の現在

福島第一原発事故の過程や因果関係はいまだに解明できていません。むしろ国は一貫して事実を解明する姿勢がないと、ジャーナリストの烏賀陽《うがや》弘道さん*18が貴重な報告を続けており、そのなかで避難者の生活実態は3パターンに分かれると指摘しています。①故郷に戻った人たち、②そのまま避難先に定住した人たち、③妻子を避難させたまま父親だけが「単身帰還」、というパターンです。①の「戻った人」と②、③の「事故前とは違う生活形態になった人」が半々で、事故後9年が経つと、避難者の生活がこの3パターンで定着してきたとのことです。原発事故当時、小学生だった子どもは、中・高生や大学生になっています。避難先の学校で友だちができ、部活動に積極的に参加するなど、子どもたちの生活基盤が避難先に移っています。母親も避難先の生活に慣れて定住しており、一時的な「避難」ではなく「転居」というのが現状です*19。地域の分断は家族の分断が根底にあるのです。

原発事故で白日の下にさらされた問題はいくつもあります。とくに原発を抱える地域では、国の定める防災範囲が「10キロ圏内」とされています。この基準はきわめて限定的です。いますぐ拡大しなければなりません。原子力緊急事態が発生したとき、これに対応するための「オフサイトセンター」（原子力災害対策センター）も電源喪失でまったく役に立ちませんでした。

子どものこころと健康が侵害されている

福島県復興ビジョン検討委員会は「原子力に依存しない、安全・安心で持続的に発展可能な社会づくり」を基本理念に掲げてきました。ところが、２０１９年7月にやっと福島第二原発の廃炉が正式に決まりましたが、東京電力も政府も福島県知事も、現在の政策を転換しようとしていません。このままでいけば、福島で起こった苦難が繰り返される危険があります。地震は必ず発生することを前提に、国民のいのちとくらしを守る政策づくりが求められています。

「放射能が伝染《うつ》る」と避難先の小学校でからかわれたという事態もあります。それまで生まれ育った故郷でずっと暮らしていたのに、避難先には知り合いも友人もいないなかで、心身とも疲労の極限にある子どももいます。

原発事故被災地の子どもの定期健診（2年に一度）が続くなか、甲状腺がんが見つかり始めています。原発事故の後、福島県が実施している「県民健康調査」の検討委員会（第34回目会合、２０１９年4月8日）の報告[*20]は甲状腺がんで悪性または悪性の疑いと診断された患者は、5人増えて２１２人。そのうち１６９人が手術を受けています。ちなみに調査対象は約37万人、受診者は約18万人となっています。それにしても相変わらず政府は楽観的な見通ししか語っていないのが実状です。

これからの施策と展望

放射線の影響を受けやすい子どもの医療政策として、福島県の18歳以下の子どもの医療費・検査料は国の負担で無料とすべきです。「子ども・被災者生活支援法」を生かし、子どもの発達と権利を守る施策が求められています。福島原発事故の廃炉・賠償・除染等の費用は、汚染者負担原則にもとづき、事故原因者・加害者である東京電力が第一義的責任を果たすべきことはいうまでもありません。

2019年11月28日の衆議院災害対策特別委員会・高橋千鶴子議員の質問に対して、内閣府は「災害救助法」の生活必需品に冷蔵庫や洗濯機、電子レンジは含まれないとの回答です。まさに「劣等処遇の原則」(福祉的支援の水準は一般的平均的な生活水準を超えないことを原則とする)という亡霊が浮かび上がってきたような感覚になります。

福島の現実から「子どもの未来を描くための手がかり」を考えると、第一に「原発ゼロ基本法」の制定は、未来を生き延びるための前提条件です。原子力発電所から排出される使用済みのゴミは、500年も放射線を放出し続けます。いくら地中深く埋蔵しても危険は除去できないのが実際です。第二に子どもの未来を保障するためには、健康保障の制度の拡充が求められています。健康保障に格差があってはならないことです。第三に子どもたちが育つコミュニティの安全・安心こそ子ども政策の基本とすべきです。

そうした観点から福島の現状にどのようなコミュニティ政策を国が持つかが、子どもの未来図のモデルになる可能性があります。最も困難な地域に「寄り添う」姿勢が具体的な施策として求められています。福島を考え続けることはこの時代の人間的義務なのです。

12 子どもの未来を描くための手がかり 3 沖縄の子ども
――国の主権が侵害されたままで住民の人権は守れない

子どもの未来を阻むもの

地上戦が行われた沖縄戦では、民間人も戦争においては「人間が人間でなくなる」という体験をし、県民の4人に1人のいのちが奪われ（統計では12万2000人）、一家全滅の家族も地域によっては相当な数にのぼりました。激戦地域であった糸満《いとまん》市米須《こめす》では、全257戸のうち、一家全滅が62戸（24％）、半数以上の家族が亡くなった世帯が93戸（36％）という実態です。全人口1253人のうち戦没者は648人（52％）、実に半数以上の住民が亡くなっています。[*21] 戦争が起これば子どもの未来は黒く塗りつぶされます。子どもの未来にとって最も大きな障壁はいつも戦争です。

戦後75年、日本はかろうじて戦争をしない国として踏ん張っている残り少ない国となっています。それは戦争の反省を踏まえて制定された憲法9条の存在が大きいこととともに、戦争はイヤだ！　という大きな世論が形成されていることがあります。

沖縄の子どもたちの歴史と現実

沖縄では、戦前から貧困は深刻な状況にありましたが、より深刻度を増したのは沖縄戦とその後の米軍管理下の民間収容所の実態が「原始的なもの」から出発している点にありました[*22]。いわゆる本土では、1947年に戦争孤児対策を喫緊の課題として「児童福祉法」が制定されましたが、米軍占領下の沖縄には適用されませんでした。

児童福祉法が沖縄で制定されたのは、本土に遅れること6年、1953年、琉球政府のもとにおいてでした。翌年には児童相談所が設置されますが、児童福祉司はたった3名でした。この時期には非行児童が多く、窃盗や強盗、スリ、忍び込み（軍施設立入）などが相談件数の67％（271件）を占めており、また捨て子、家出児童、浮浪児等も15・3％という状況にありました。戦後10年は子どもの心とからだは荒廃状況にありました[*23]。

戦後の「空白の27年間」と1972年の復帰後の沖縄もまた、子どもの福祉は空白のままとなっていました。復帰の年には沖縄振興特別措置法（2002年3月公布）が制定され、「沖縄経済振興計画」に基づいて10兆円の資金が投入されましたが、その大半が道路、ダム建設などに使われ、子どもや女性の権利拡充のためにはほとんど使われませんでした。子どもの福祉に関する条項は、121条のうち1か条しかありませんでした。

沖縄県には、現在（2019年8月）、33の米軍専用施設および一時使用施設があり、その総面積は約1万8710ha、沖縄県の総面積の8・2％、人口の9割以上が居住する沖縄本島では14・6

%の面積を占めています。沖縄が本土に復帰した1972年当時、全国の米軍専用施設面積に占める沖縄県の基地の割合は58・7%でしたが、本土では米軍基地の整理・縮小が沖縄県よりも進んだ結果、現在では、国土面積の0・6%しかない沖縄県に、全国の米軍専用施設面積の70・3%が集中しているのが現状です。[*24] 基地被害を含めて、沖縄の戦後史は、米軍の支配・統制のもとで住民の権利が蹂躙されてきた歴史でもあるのです。

沖縄とともに未来を拓く

沖縄の犠牲を放置したままで日本全体の未来を拓くことはできません。沖縄の歴史と現実から、子どもの未来を拓くために必要なことは何かを整理しておきましょう。

第1は、日本の主権が侵されたままでは、住民の人権は土台のところで侵害され続けていくということを沖縄県の現実から学ぶことです。日本がアメリカの政治的経済的従属下にあることで、その矛盾を押し付けられている事態が集中的に現れているのが沖縄です。アメリカ言いなりの政治が沖縄の未来を踏みにじっている現実があります。国家の主権を確保することが、沖縄の未来を創造的に発展させる政治といえます。

第2に、子どもの貧困対策に本気で取り組む政治が子どもの未来を切り拓いていくという事実です。沖縄の子どもの貧困率が2015年度の29・9%から2018年度25・0%に下がったのは、貧困対策に本気で取り組んだ県の姿勢・努力の成果です。[*25] その一方、都道府県・地域格差を自治体の努力に任せてきたのが国の姿勢です。国の本来の役割は地域間格差をなくすことで平等を保障することです。「地方分権」を謳いながら沖縄の切実なねがいに背を向けてきたのが自公政権です。住民自治の拡充が子どもの未来を拓いていくのです。

第3として、「オール沖縄」の思想と行動が時代を変えるちからになるという沖縄からのメッセージです。病気を理由に退陣した安倍内閣はこれまでのどの政権よりも腐敗し最悪の政権でした。いま子どもの未来を展望するためには安倍政権を継続するという政権には退陣しかありません。

翁《お》長《なが》雄《たけ》志《し》前県知事、玉城《たまき》デニー県知事を実現した「大異を保留し、大同につく」オール沖縄の基本スタンスと組織化は、戦後の苦難の道を歩むなかで生まれた血と汗の結晶ともいえる運動のあり方です。現在の野党共闘の方針もオール沖縄の運動の流れを継承発展させる取り組みといえます。政党、運動団体、個人が子どもの未来を守るために、そして憲法に立脚した政治を実現しなければなりません。

政府は辺野古工事に関して２０１９年末に、軟弱地盤対策を織り込んだ総工費の見直しを公表しました。その額はこれまで想定していた額の約２・７倍にあたる約９３００億円となっています。事業完了までの工期は12年以上が必要とされており、普天間基地の返還は早くても２０３０年代半ばへとずれ込むことも明らかになってきました。政府は２０１４～１６年の調査で軟弱地盤の存在を把握しながら公表せず、埋め立ての土砂投入を始めた後に、辺野古の「マヨネーズ並み」の軟弱基盤の事実を認めています。虚偽と退廃の政治をこれ以上続けさせてはならないと切実に思います。

政府の沖縄県民の意思を無視した強硬な姿勢は、地方自治の尊重という憲法的原理を真っ向から否定し続けています。「辺野古ノー」の県民の意思は明確です。住民・国民が主人公となる政治のあり方を実現することが子どもの未来図を描くことができる必須条件です。子どもの未来図を描くのは、政治家や官僚ではありません。私たちが素手で描くことが大切なことではないでしょうか。沖縄県民の「勝つまではあきらめない」という闘いの姿勢に学びながら、本当に必要な未来図を描きたいものです。

注

1 『日本小児科学会雑誌』120巻3号、662〜672頁、2016年3月発表、https://www.jpeds.or.jp/uploads/files/sho120_3_P662-672.pdf、2020年6月24日閲覧。
2 「Report Card 7」研究報告書、2007年。
3 OECD編著、星三和子・首藤美香子・大和洋子・一見真理子訳『OECD保育白書―人生の始まりこそ力強く：乳幼児期の教育とケア（ECEC）の国際比較―』明石書店、2011年、40・41頁。原題 *Starting Strong II: Early Childhood Education and Care*。
4 ユニセフ・イノチェンティ研究所「子どもたちのための公平性　先進諸国における子どもたちの幸福度の格差に関する順位表」2016年4月14日発表、https://www.unicef.or.jp/library/pdf/labo_rc13j.pdf、2020年6月24日閲覧。
5 ベアテ・シロタ・ゴードン、Beate Sirota Gordon、1923-2012、22歳で連合国軍最高司令官総司令部民政局に所属し、日本国憲法第24条（家族生活における個人の尊厳と両性の平等）草案を執筆した。

6　日本会議ウェブサイト、http://www.nipponkaigi.org/about/mokuteki、２０２０年６月24日閲覧。

7　文部科学省ウェブサイト、https://www.mext.go.jp/a_menu/shougai/katei/1292713.htm、２０２０年６月24日閲覧。

8　ユネスコ編、浅井春夫・艮香織・田代美江子・福田和子・渡辺大輔訳『改訂版　国際セクシュアリティ教育ガイダンス―科学的根拠に基づいたアプローチ―』明石書店、２０２０年。

9　日本弁護士連合会「日本の第４回・第５回統合定期報告書に関する総括所見」２０１９年、https://www.nichibenren.or.jp/library/ja/kokusai/humanrights_library/treaty/data/soukatsu_ja.pdf、２０２０年６月24日閲覧。

10　中井久夫『いじめのある世界に生きる君たちへ』中央公論新社、２０１６年、27頁。

11　坪田眞明「『ゼロトレランス方式』について」『生徒指導メールマガジン』第16号、２００６年１月、https://www.mext.go.jp/a_menu/shotou/seitoshidou/04121503/1370136.htm、２０２０年８月26日閲覧。

12　片山さつき議員ツイッター、https://twitter.com/katayama_s/status/766986221893541888、２０２０年６月24日閲覧。

13　道中隆『第２版　貧困の世代間継承―社会的不利益の連鎖を断つ―』晃洋書房、２０１６年。

14　国立国会図書館調査及び立法考査局『各国憲法集（９）フィンランド憲法（基本情報シリーズ⑱）』国立国会図書館、２０１５年。

15　日本財団「家庭の経済格差と子どもの認知能力・非認知能力格差の関係分析―２・５万人のビッグデータから見えてきたもの―」２０１８年１月、https://www.nippon-foundation.or.jp/app/uploads/2019/01/wha_pro_end_07.pdf、２０２０年６月24日閲覧。

16　大蔵省昭和財政史編集室編『昭和財政史　第４巻（臨時軍事費）』東洋経済新報社、１９５５年。

17　三菱ＵＦＪリサーチ＆コンサルティング政策研究事業本部「東日本大震災における震災孤児等への支援に関する調査研究報告書」２０１９年３月、https://www.murc.jp/wp-content/uploads/2019/04/koukai_190426_15.pdf、２０２０年６月24日閲覧。

18　鳥賀陽弘道『原発事故　未完の収支報告書　フクシマ２０４６』ビジネス社、２０１５年、『フェイクニュースの見分け方』新潮社、２０１７年など著書多数。

19　「フクシマからの報告　２０１９年春　息子と娘の甲状腺にのう胞としこり　医師『経過観察ですね』母『先生、意味がわかりません』」２０１９年６月８日、https://note.com/ugaya/n/n118b1aea67f0、２０２０年６月24日閲覧。

20　「第34回『県民健康調査』検討委員会次第」２０１９年４月８日、https://www.pref.fukushima.lg.jp/uploaded/attachment/320844.pdf、２０２０年６月24日閲覧。

21　米須字誌編集委員会編『米須字誌』米須公民館、１９９２年。

22　スーザン・L・カラザース、小滝陽訳『良い占領?　第二次大戦後の日独で米兵は何をしたか』人文書院、２０１９年、１３９頁。

23　山内優子「戦後27年間の福祉の空白」沖縄県子ども総合研究所編著『沖縄子どもの貧困白書』かもがわ出版、２０１７年、２４４～２５０頁。

24　沖縄県知事公室基地対策課編『沖縄の米軍及び自衛隊基地（統計資料集）』沖縄県知事公室基地対策課、２０１９年８月。

25　沖縄県子ども生活福祉部「平成30年度沖縄県小中学生調査報告書概要」２０１９年６月14日、https://www.pref.okinawa.jp/site/kodomo/kodomomirai/kodomotyosa/documents/h30syotyutyosa-houkokusyo-gaiyou.pdf、２０２０年８月26日閲覧。

第2章　ＳＤＧｓと子どもの未来の描き方

1　貧困の諸相

　貧困は、２０００年前後までは、わが国の敗戦直後の戦争孤児たちの着の身着のままの姿や地下道暮らしや、現在のアフリカ諸国の飢餓のなかでやせ細ったからだの子どもたちの映像にみられる「絶対的貧困状態」が多くの人たちのイメージでした。現在においては、テレビや実際に目にするホームレスの人々の姿が貧困のイメージなのかもしれません。その感覚は現代社会においては自らの暮らしとはかけ離れた〝特別な事情を抱えた〟人々の物語と捉えられていることが少なくありません。

　２０００年以降のわが国における貧困をめぐる状況は、２００８年末の「年越し派遣村」*1の企画と実施のもとで一気に貧困への社会的注目が集まり、その後の子ども食堂や学習支援塾、子どもの居場所づくりの取り組みなどを通して、解決すべき課題として広く認識され始めました。

同時に、生活保護受給者に対する露骨なバッシングが繰り返され、生活保護制度の緩さや制度の拡充によって自立への意欲を奪うという主張が発信され続けています。その社会的背景には一面的な人間観が介在しています。つまり人間には、まっとうな自立した人間と半人前の厄介者がいて、後者にあまり豊かな社会保障や具体的な支援などを提供すると、その制度に安住して努力をしない人間になっていくので、厳しい対応を迫らなければならないという新自由主義の人間観がそこにあります。

そもそも日本の生活保護や貧困対策に関わる制度などは、安住できるほど国民の権利が保障された制度ではないことは、あらためて言うまでもありません。

貧困という人間生活の環境がどのようにつくられ、その現実にいかに社会的に対応しようとしているのかを考えてみます。貧困という事実を、あなた自身はどう受け止め、貧困といかに向き合うべきと考えられるのでしょうか。

2　貧困の基礎知識

絶対的貧困と相対的貧困

ＵＮＰＤ（国連開発計画、United Nations Development Programme）では「教育、しごと、食

料、保健医療、飲料水、住居、エネルギーなど最も基本的な物・サービスを手に入れられない状態のこと」を貧困と定義しています。貧困は「絶対的貧困」と「相対的貧困」に分類されています。

絶対的貧困とは、衣食住などの人間らしい必要最低条件が満たされていない状態のことです。それに対して相対的貧困とは、国、社会、地域など一定の母数の大多数より貧しい状態のことをいいます。国際比較もできる、多くの国で採用されている相対的貧困は、「国民所得の中央値の半分未満」の状態にあることをいいます。「中央値」は50％未満に設定することが多くの国で設定されていますが、イギリスのように中央値の60％に貧困線を設定している国もあります。平均値は「すべての数値を足して、数値の個数で割った値」であるのに対して、中央値とは「データを小さい順に並べたとき中央に位置する値」のことです。中央値に対して60％というように貧困線を高く設定すれば、貧困率が高くなります。そのことの意味は貧困施策の対象を拡大するという国・行政の姿勢が示されているのです。

わが国における相対的貧困率とは、一定基準（貧困線）を下回る等価可処分所得（収入から税金・社会保険料等を除いたいわゆる手取り収入を世帯人員の平方根で割って調整した所得）しか得ていない者の割合をいいます。貧困線とは、等価可処分所得の中央値の半分の額をいいます。たとえば日本の賃金労働者全体を１００人に集約・代表して賃金の少ない人から多い人の順に並んだときに、51番目の賃金収入を得ている人の額をいいます。世帯の可処分所得はその世帯の世帯人員に影響されるので、世帯人員で調整するために、平方根で割って調整をします。これらの算出方法は、ＯＥ

CD（経済協力開発機構、Organization for Economic Cooperation and Development）の作成基準に基づいています。

世界銀行調査によれば、世界の貧困率は、1990年は36％という状況でしたが、2015年には10％に減少しています。「国際貧困ライン」とは、2011年の購買力平価に基づき、国際貧困ラインを1日の生活費1・90ドルで計算したものです。2015年10月以前は、1日1・25ドルで計算しています。貧困層の人数は1990年では18億9500万人でしたが、2015年では7億3600万人と25年間で6割減となっています。それでも世界の総人口72億7000万人の約1割が貧困という状態にあります。ちなみに2019年4月3日現在、貧困層は7億5350万人です。[*2][*3]

表2－1でみれば、世界では7億3586万人が貧困層にカウントされています。とくにサブサハラ・アフリカ地域における貧困層の数は、4億1325万人と集中している現状があります。

世界の総人口の約1割は貧困層という現実のなかで、世界の5歳までの子どもで、伝染病と飢餓を原因として1年間で死亡する確率（5歳児未満死亡率）は、1990年では出生1000人あたりの死亡数は93人で約1割が亡くなっていましたが、2016年では41人になっています。この25年間で子どもの死亡率は半減していますが、現在においても地球上では、生まれてきた子どもたちすべてのいのちが守り切れない現状があります（ユニセフ『世界子供白書』各年版参照）。

ユニセフ（UNICEF国連児童基金、United Nations Children's Fund）、世界保健機関（WHO）、国連経済社会局（UNDESA）、世界銀行により構成される国連の「死亡率推計に関する機

表2－1　国際貧困ラインに基づく地域別貧困率（2015年）

地　域	貧困ライン（ドル／日）*	貧困率（%）	貧困層の数（百万人）	総人口（百万人）	調査対象割合（%）
東アジア・大洋州地域	1.9	2.32	47.18	2,036.62	97.57
ヨーロッパ・中央アジア地域	1.9	1.47	7.15	487.04	89.86
ラテンアメリカ・カリブ海地域	1.9	4.13	25.9	626.57	89.84
中東・北アフリカ地域	1.9	5.01	18.64	371.65	64.63
その他高所得国	1.9	0.68	7.32	1,083.59	71.71
南アジア地域**	—	—	—	—	21.35
サブサハラ・アフリカ地域	1.9	41.1	413.25	1,005.57	52.69
世界全体	1.9	10	735.86	7,355.22	66.71
世界全体（高所得国を除く）	1.9	11.62	728.54	6,271.63	65.85

原注　*　世界銀行は、2015年10月、国際貧困ラインを2011年の購買力平価（PPP）に基づき、1日1.90ドルと設定している。

原注**　調査データが限られているため結果表示なし。

出所：世界銀行「国際貧困ラインに基づく地域別貧困率（2015年）」2018年10月5日、https://www.worldbank.org/ja/news/feature/2014/01/08/open-data-poverty より著者作成。2020年8月13日閲覧。

関間グループ（IGME）」が発表した新たな報告書『Levels and Trends in Child Mortality 2018（2018年度版子どもの死亡における地域［開発レベル］別の傾向）』によれば、2017年に死亡した15歳未満の子どもの数は推定630万人、そのうち5歳未満児が540万人を占め、その約半数を新生児が占めています。5歳未満児の死亡数は1990年の1260万人から2017年の540万人に半減しています。にもかかわらず死に至らしめたほとんどが予防可能な伝染病と飢餓に起因していることに変わりはありません。

ユニセフ統計・調査・政策局長のローレンス・シャンディは「緊急に行動を起こさなければ、今から2030年までに、その半数を新生児が占める5歳未満児5600万人が命を落とします」と警鐘を鳴らしています。

「貧困をなくすためのゴール（2030年目

標）」として、1・1「2030年までに、現在1日1・25ドル未満で生活する人々と定義されている極度の貧困をあらゆる場所で終わらせる」ことを明示し、1・2「2030年までに、各国定義によるあらゆる次元の貧困状態にある、すべての年齢の男性、女性、子どもの割合を半減させる」ことが掲げられています。そうした目標を具体化していくためには、どのような政策立案と貧困をなくすための現場でのとりくみと教育が求められ、実践されているのかを紹介し、検討することにします。

格差と貧困の深刻化

「格差」とは、経済的に富める者がより所得・貯蓄・資源を増やし、貧しいものがより経済的文化的貧困化もしくは生活の改善ができないままでいるというように、少数の富裕層と大多数の貧困層が両極に広がっている社会の現実です。いわゆる「中間層」といわれてきた経済階層は、より貧困層に流入・吸収され、富裕層にはきわめて限定された少数の〝成功者〟（起業家や株の投機などで大儲けをした人など）が入り込めるだけです。貧困は、個人および階層の生活実態に照準を合わせた概念であり、そうした現実からみれば、国民生活の貧困化はよりすすんでいるなかで格差が広がっています。

地球規模でみれば、いわゆる「南北問題」が根深く存在します。経済的発展をした先進国のアメリカ、イギリスやフランス、ドイツなどの欧州連合（EU）、日本などは主に北半球にあり、開発途上にある国や絶対的な貧困状態にある国々は主に南半球にあるという偏りの現実を「南北問題」と呼んでいます。こうした国際的な格差の背景には、いわゆる先進国による開発途上国の植民地支配や国際分業論による産業の押しつけ、搾取（生産手段を所有する資本家などが労働者の生産する価値を無償で取得すること）と収奪（強制的暴力的に奪い取ること）が行われてきました。先進国による経済的文化的支配によって、開発途上国は貧困を拡大し、北半球との格差を拡大してきた歴史的経緯があります。そうした歴史的現実的状況の中で、先進国は開発途上国のために経済援助をしなければならないという国際連帯と共同のとりくみを呼びかけるための意味を持った言葉でもありました。

ＳＤＧｓの「貧困をなくすためのゴール（２０３０年目標）」には、１‐５「２０３０年までに、貧困層や脆弱な状況にある人々の強靱性（レジリエンス）を構築し、気候変動に関連する極端な気象現象やその他の経済、社会、環境的ショックや災害に暴露や脆弱性を軽減する」ことが明示されています。

南北問題に加えて、近年では新自由主義政策の推進の結果は格差と貧困の拡大・深化を促進しました。新自由主義（ネオリベラリズム）とは、１９８０年代に登場した政治と経済の思想と政策です。それは市場原理（経済活動に対して公的な規制などを行わず、市場での自由な競争に委ねておくことで生産活動が適切に調節され、国民生活の安定的な保障が実現するという考え方）に基づいて、基本的な経済活動のあり方として推進する政策です。実際には国・行政が経済活動の政策的誘

表２－２　世界・貧困層の人口割合ランキング

（OECD 2010 版に 2015 年 7 月 30 日の発表を追加）

順位	国または地域	貧困率	偏差値・評　価	順位	国または地域	貧困率	偏差値・評　価
1	イスラエル	21%	73.2 E	16	スイス	10%	47.0 B
2	メキシコ	20%	70.9 E	16	イギリス	10%	47.0 B
3	トルコ	19%	68.5 D	20	スウェーデン	9%	44.6 B
4	チリ	18%	66.1 D	20	スロベニア	9%	44.6 B
5	アメリカ	17%	63.7 D	20	アイルランド	9%	44.6 B
6	日本	16%	61.3 D	20	ドイツ	9%	44.6 B
7	韓国	15%	58.9 C	24	オーストリア	8%	44.2 B
7	スペイン	15%	58.9 C	24	オランダ	8%	42.2 B
9	オーストラリア	14%	56.5 C	24	ノルウェー	8%	42.2 B
9	ギリシャ	14%	56.5 C	24	フランス	8%	42.2 B
11	イタリア	13%	54.1 C	24	スロバキア	8%	42.2 B
12	カナダ	12%	51.8 C	29	ルクセンブルク	7%	39.8 A
12	エストニア	12%	51.8 C	29	ハンガリー	7%	39.8 A
	世界平均	11%	50.0 —	29	フィンランド	7%	39.8 A
14	ポーランド	11%	49.4 B	32	チェコ	6%	37.4 A
14	ポルトガル	11%	49.4 B	32	デンマーク	6%	37.4 A
16	ニュージーランド	10%	47.0 B	32	アイスランド	6%	37.4 A
16	ベルギー	10%	47.0 B				

出所：「世界ランキング」http://top10.sakura.ne.jp/OECD-INCPOVERTY-T1A.html、2019 年 4 月 7 日閲覧。

導役を担っているのが実際です。それは経済活動に関して政策による規制を緩和ないしは撤廃し、公立事業の民営化や公的機関に民間企業の経営方法を積極的に導入し、「小さな政府」を追求した社会経済政策のことです。ただし新自由主義は体系的な経済理論として確立したものではなく、むしろ社会政策的政治的手法といった面が強いのが実際です。

表２－２は、ＯＥＣＤ（経済協力開発機構）加盟国など34か国と地域を対象とした貧困率についてのランキングです。日本の貧困層の人口割合は16％で、世界の順位で６番目に貧困率の高い国となっ

ています。世界平均の貧困層の人口割合（貧困率）は11％（偏差値50）であり、その状況と比較して日本の偏差値は61・3であり、5段階のレベルでいえばEの次に悪いDランクと評価されています。貧困率が高くなっている国の1位はイスラエルの21％、2位はメキシコの20％、3位はトルコの19％です。貧困率を低く抑えている国のトップはチェコ、デンマーク、アイスランドで6％となっています。

3　日本の貧困状況

政策的につくりだされる貧困と貧弱な貧困対策

日本における相対的貧困率は、**表1-1**（28・29頁）にあるように、貧困率を継続的に調査することになった1985年の12・0％から97年14・6％、2009年16・0％、2012年16・1％、2015年に15・6％と推移しており、貧困の実態の改善・解決への展望は示されていません。貧困率の高原状態が続いている現状です。

2016年分の「民間給与実態統計調査」によると、働いても年収が200万円以下のワーキングプア層が1132・3万人となっており前年より1・5万人増加した一方で、2500万円以上（区分最上位）の給与所得者は2年連続で増加し、16年には12万人となりました。労働者の実質賃金は第2次安倍政権の発足（2012年12月）から、2017年7月までで年間10万円も低下しています。

雇用形態別でみると、正規雇用者の平均収入は４８６・９万円、非正規雇用は１７２・１万でその差は３００万円を超えています。格差・貧困の拡大は顕著になっています。

２０１２年12月～17年7月で比較すると、わが国の実態はワーキングプアが42・３万人増加していますが、社会保障は負担増と給付減の5年間の総計でみれば6兆５０００億円減、教育予算は５年間で６００億円の減額、教育予算のＧＤＰ比は２０１２年３・70％から14年では３・59％に低下（国際統計のとれる１５０か国中１０２番目）などとなっています。

米誌『Forbes』が毎年発表している「Japan's 50 Richest People（日本の富豪50人）」２０１７年度版によれば、資産1位はソフトバンクの孫正義で、資産は２０４億ドル（約2兆２６４４億円）です。1年で資産が55億ドル（６１０５億円）も増えています。富豪トップ10の総計は、9兆８８３０億円となっています。「日本の富豪」に登場する上位40人の平均保有資産額は２０１２年の２０００億円から17年には４０００億円と2倍になっています。いま、問題の焦点は、貧困が政策的につくられ、高原状態で貧困率が推移している現状の根本原因の解明です。

4　貧困はなぜつくられるか

グローバリゼーションと所得の再分配政策

グローバリゼーション（政治・経済・文化などが国境を越えて地球規模で拡大すること）の中で市場経済と多国籍企業が世界に網の目のように広がり、その役割が大きくなることで当初所得の格差がより大きくなってきたときに、従来のような所得の再分配政策のレベルでは、格差社会の矛盾に対応できない状況になってきました（**図2－1**）。いわゆるトリクルダウン理論（富める者が富めば、貧しい者にも自然に富がトリクルダウンする［滴り落ちる］とする経済理論）が喧伝され、新自由主義的政策が強引にすすめられてきたなかで、実際には格差は拡大し、貧困は深刻化してきたことは明らかです。所得の再配分効果をもつべき社会保障制度が政策的に後退・改悪され、税に関して逆累進課税である消費税の導入のもとで、国民の間に格差拡大と貧困の深刻化がいっそう露になっています。

とくに8％から10％への消費税増税（2019年10月1日実施）に加えて、新型コロナウイルス（2020年1月31日に世界保健機関［WHO］は「国際的に懸念される公衆衛生上の緊急事態」を宣言、2月28日にはこの疾患が世界規模で流行する危険性について最高レベルの「非常に高い」と評価し、3月11日には、テドロス・アダノムWHO事務局長はパンデミック相当との認識を表明）

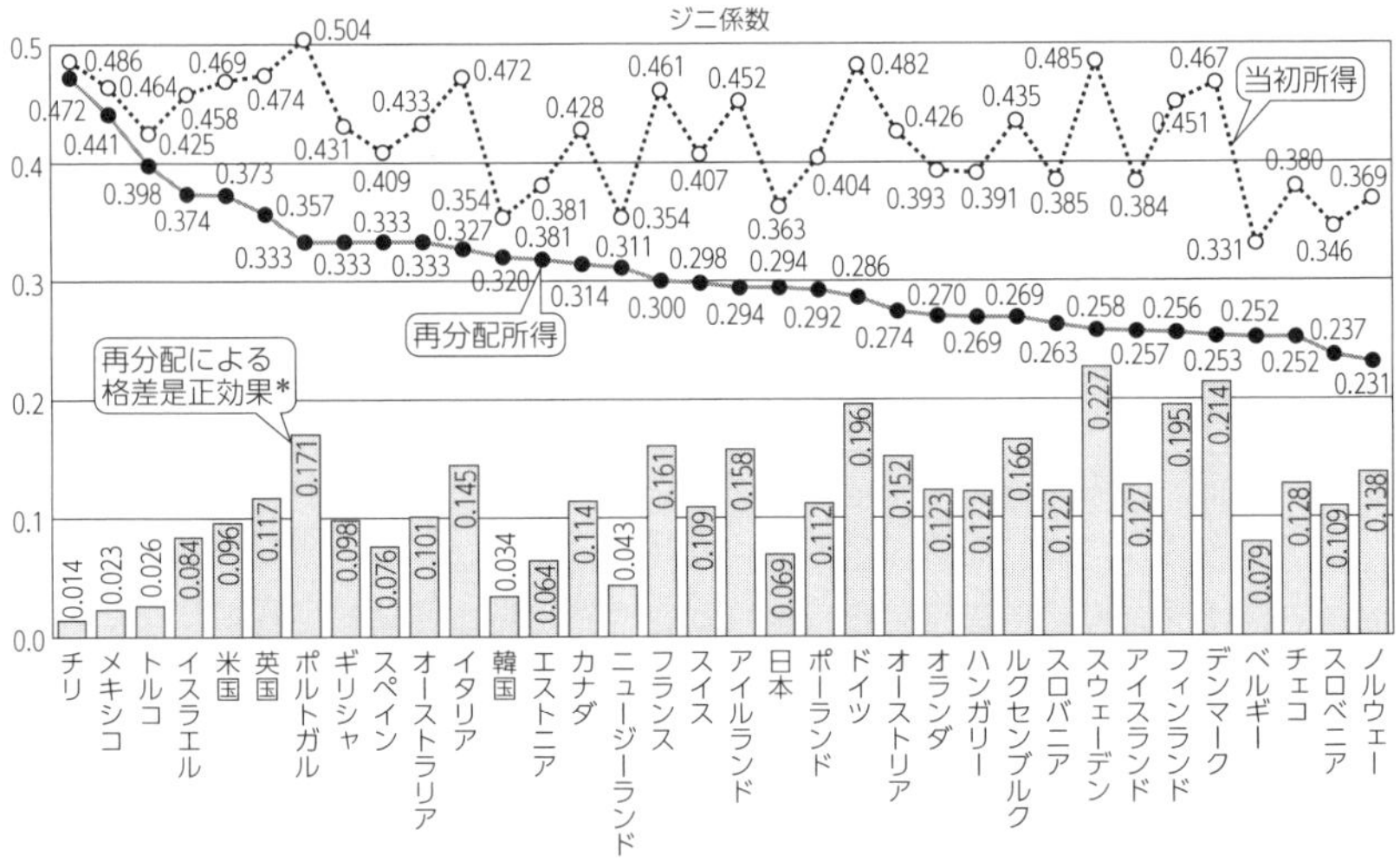

図2－1　所得再分配の国際比較（OECD 34か国、2010年）

原注：＊当初所得のジニ係数マイナス再配分所得のジニ係数。
　税・社会保険の支払・給付の前と後の世帯等価可処分所得を、それぞれ、当初所得、再配分所得としている。
原資料：Standardised World Income Inequality Database v.4.0.
出所：「社会実情データ図録」https://honkawa2.sakura.ne.jp/4666.html、2020年8月13日閲覧。

の感染拡大に伴う経済活動の停滞を招いたことで、貧困の拡大と深化が国民生活を直撃することになりました。

労働政策と貧困

貧困を通して見えてきた労働問題という側面とともに、今日の貧困問題全般を労働問題から根源的に問い直していくことが求められています。貧困についていえば、問題解決への社会的うねりが生まれているという大きな前進面を見ることができますが、同時にいくつもの問題状況が垣間見えてきます。

まずホームレス問題、生活保護問題、子どもの貧困などの貧困問題の具体的な現れに対して、公的な制度による対応だけでなく、民間団体などによる社会的な広がりをもったとりくみが展開されていますが、貧困を生み出す根本問題＝社会構造に視点を当てた分析と論究が行われているとはいいがたい現実があります。その点では、〝なぜ貧困がつくられるか〟の解明が求められており、生活基盤である労働による賃金収入（稼働所得）の現状と問題を分析することが必要不可欠です。

つぎに親・保護者の働き方（働かされ方）は低所得水準だけの問題ではなく、雇用者側の自由裁量制によって長時間・コマ切れ・非定型的な労働の実態が家庭生活に否定的な影響を与えています。同時に、失業と雇用調整は働く権利自体を奪っている現実があります。

現代とりわけ世界的な趨勢から遅れて本格的に1990年代から展開された新自由主義は労働のあり方を根底から変えることになりました。1995年に発表された日経連（当時）の「新時代の『日本的経営』」は、従来の年功序列賃金と定年までの雇用を保障した日本型雇用システムを転換させ、社員層を①企業経営の根幹を担う「長期蓄積能力活用型」の少数の社員、②専門職機能をもった「専門能力活用型」、③定型業務を中心に担わせる「雇用柔軟型」の3グループに分けて管理するという労働システムを形成し、労働分野の規制緩和がすすめられました。*4 そうした労働政策の転換が貧困と格差の拡大を進行させ、貧困を生み出し深刻にする供給地盤となってきました。

現在の労働現場の状況は、**図2－2**のように、①労働の非人間化＝労働プロセスと労働関係の非人間化の進行は、長時間労働をともなって結果的に家族生活の不安定化へと繋がっていきます。②ソーシャル・ダンピングは、社会的投売りともいわれる行為で、政策的に劣悪な労働条件で労働力

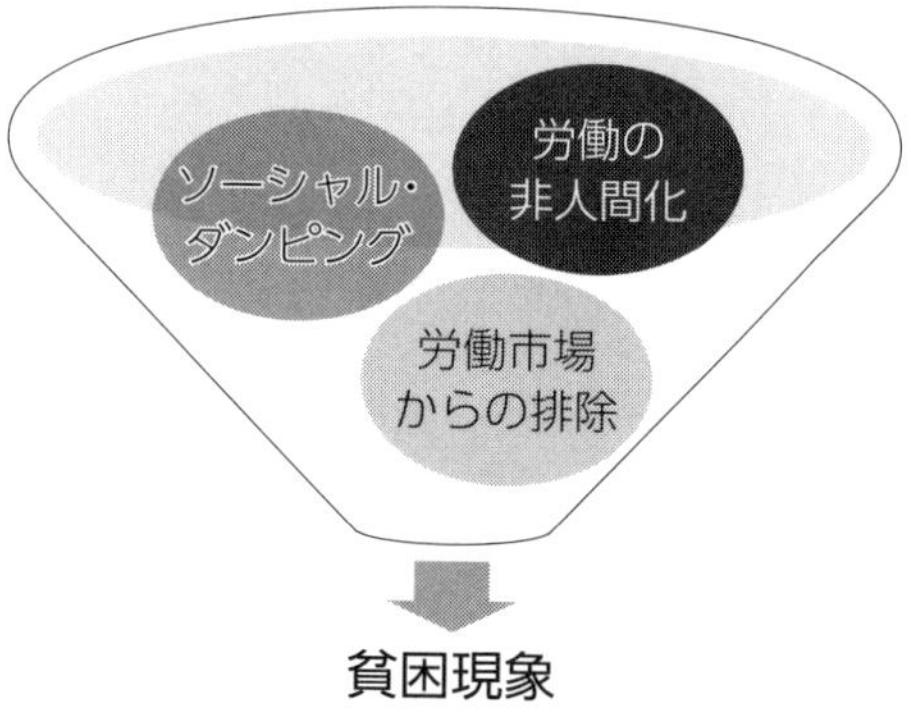

図２－２　貧困を生み出す労働の現実
出所：著者作成。

を安売りすることで、労働者は貧困化していきます。③労働市場からの排除とは、労働力の流動化政策、疾病や解雇などによって失業や未就労となり、事実上の雇用関係から排除されている状況のことをいいます。このような貧困を生み出す労働の現実が改善されないままに放置され、より深刻化しているのが現在のわが国の実状です。

貧困拡大政策と「降格する貧困」

　こうした数値の具体的な姿として、子どもたちが厳しい生活を強いられている事例が各地で続出しています。夏休みで10キロやせてきた中学生、虫歯20本で治療がされていない子ども、修学旅行の積立金を取り崩して生活費に充てる親……。こうした子どもの貧困層とともにその周辺層の子どもたちへのアプローチが必要となっています。子どもの貧困は全国・自治体・地域の実態に迫る調査が求められており、子どもの生活圏を踏まえた貧困の実態を把握したうえで具体的な対策が求められています。

「降格する貧困」（貧困はさらに深刻な貧困と社会的孤立化へと流動していくことで、蟻地獄的な状況へと変動していく傾向にある）という概念に注目すると、「『貧困層』と呼ばれる人々の数がますます増加し、その多くが生産領域の外へと追いやられる社会的布置関係をあらわしている。それによって、かれらの困難が増加し、社会福祉サービスにたいする依存状態が高まるおそれがある」状況に置かれています。[*5]「転落としての貧困」（経済的な貧困状態にあるというだけでなく、社会的条件と立ち位置が悪化していく特徴がある）が社会的ハンディキャップの蓄積するプロセスを引き起こしており、失業には経済的貧困と社会的孤立をともなうリスクが付きまとっています。[*6]そうした貧困の実態が「ネガティブなアイデンティティの形成」[*7]へとつながっており、そのことはまた自らの価値を下げるような傾向と特徴を強固にしていきます。自己イメージの貧困が自らの価値の低下サイクルを形成することにもなっており、それが貧困の再生産のひとつの誘因となっています。

5　貧困と教育の課題

子どもの貧困とは

子どもの貧困は一般的には「家庭内での公平な資源配分を前提に、家族の人数と構成を考慮したうえで、子どもにかけられる所得がその社会で成長する子どもにかけられる所得の中央値の半分以下である」場合に、その存在を確認することになります。グローバル経済においては、雇用主が求める技能を持たない家庭はたやすく貧困に陥ってしまいます。[*8]

子どもの貧困とは、「子どもの権利条約」で明記されている子どもの権利が保障されていない生活状況で、①衣食住などの基礎的生活が保障されないままにいる貧困世帯のもとで暮らしている子どもの存在のことです。子どもの場合はとくに②教育・進学の権利が侵害されたままにあり、国・自治体から〝見捨てられた〟状態でもあり、③人生はじめの段階＝子ども期で希望（人生へのチャレンジ権）を奪われつつある子どもたちの実態をいいます。

子どもの貧困を決定する要因は、場合によっては「親の不完全就業、所得の不平等、不十分な所得移転、また場合によっては、手ごろな料金のチャイルドケアが見込めないことなど」[*9]が数多くあるのが実際です。「親の不完全就業」とは、失業や低賃金で社会保障のないパートタイム就業などが含まれ、日本においてはその多くを女性が占めています。

厚生労働省の相対的貧困率・子どもの貧困率調査によれば、１９８５年に10・９％だった子どもの貧困率は年々増え、２０１２年には16・３％にまで増加し、15年で２・４％減少し13・９％に低下しましたが、国際的にみれば依然として高い水準にあることは変わりません（**表１－１**）。

また２０００年～16年の家計収支状況をみると、世帯主の収入は一貫して減少し続けており、それを配偶者収入の増加によって補っている現状があります。それにもかかわらず直接税と、とりわけ社会保険料の負担が増えており、勤労世帯の家計状況は厳しい状況が続いています。その点は、「児童のいる世帯」の所得の種類別構成割合で、総所得７３９・８万円のうち、「年金以外の社会保障給付金」の割合は２・５％（18・２万円）にすぎません。「稼働所得」は92・９％（６８７万円）を占めています（「平成29年　国民生活基礎調査の概況」厚生労働省、２０１８年7月）[*10]。これらの数値からみても所得再分配政策が十全に機能していないことは明らかです。

貧困の深刻さ

ユニセフ（国連児童基金）が、最貧困層の子どもが標準的な子どもと比べてどれくらい厳しい状況にあるかの報告書（２０１６年４月14日発表）をまとめています。下から10％目の最貧困層の子どもと中央値の子どもとの所得格差の比較で、格差が大きいほど貧困の深刻度が高いということですが、日本は先進41か国中34位です。貧困の格差が少ない北欧諸国では、最貧困層の子どもに配分される所得は標準的な子どもの６割ほどですが、日本は４割に満たないレベルで深刻さが目立っています。

各自治体でも子どもの貧困に関する調査が行われてきました。２０１７年６月、北海道は子どもの貧困に関する実態調査の結果を公表しました*11。過去１年間に経済的理由で家族が必要とする食料を買えないことがあったと答えた世帯が20・５％に上るなど、子育て世帯の厳しい実態が明らかになりました。

家計が「黒字」と答えた世帯が28・４％だった一方、「どちらでもなくぎりぎり」が43・３％、「赤字」が24・１％でした。過去１年間の経済的理由で「冬に暖房が使えなかったことがある」世帯が８・７％ありました。また、「子どもに病院などを受診させた方がいいと思ったが、受診させなかった経験がある」世帯が17・８％で、受診させなかった理由は26・４％が「お金がなかった」と回答しました。高校２年の子どもを対象にした質問では、18・４％がアルバイトをしていると回答。その理由について「生活費（家賃・食費・水光熱費）のため」が24・２％、「授業料のため」が13・５

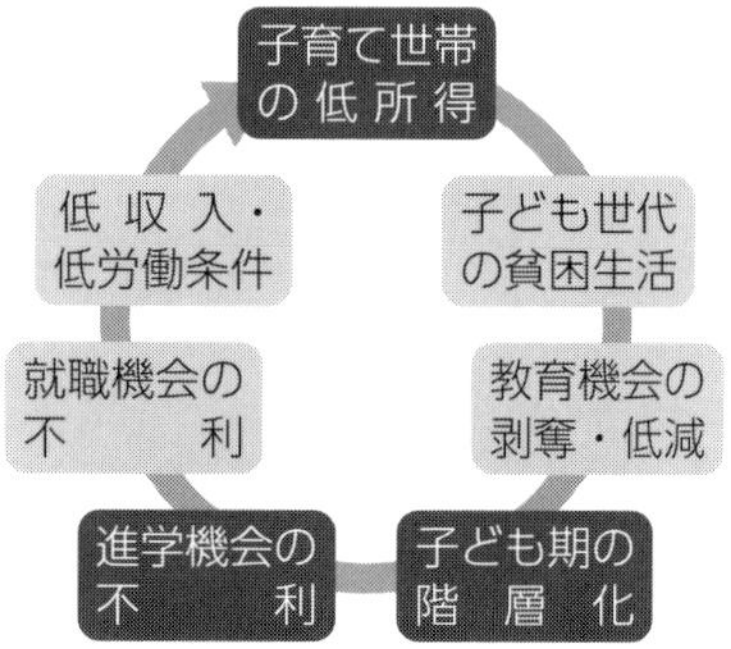

図２－３　子どもの貧困の再生産サイクル

出所：著者作成。

%、「家族を支えるため」が35・5%でした。進学については、22・8%が「高校まで」と回答。その理由については45%が「進学に必要なお金のことが心配だから」と答えました。

こうした「子どもの貧困」の実際は、「子どもの貧困の再生産サイクル」というしくみを形成しています。とくに子どもの貧困の実態が子ども期の貧困生活と教育機会の剥奪・低減という「子ども期の階層化」という実態へと連動し、進学機会の不利から就職機会の不利、低収入・低労働条件、さらに家族を形成した際には「子育て世帯の低所得・貧困へ」というサイクルが形成されることになります（**図２－３**参照）。

貧困に抗するとりくみ―世界と日本

世界の貧困に抗するとりくみとして、①人間生活の根幹に位置する食生活への施策、②暮らしのセーフティネットの形成と学び、③コミュニティを基盤にした施策と学びなどを紹介します。

とりくみ事例１　貧困対策としての朝食サービスの実施に関して、イギリスでは「朝食クラブ」のある小学校46%、中学校62%（２００７年）、アメリカでは12・5万校のうち8万７０００校、約70%の学校（２０１０年）で実施しています。*12 すべての子どもが朝食サービスを利用するのではなく、必要な家庭の子どもが登録制で食べられるという制度です。この制度を登録によって利用することが権利行使の学びとなっています。

とりくみ事例2　自らの暮らしの安全・安心を保障するセーフティネットの学習をスウェーデンの中学教科書では、権利としての生活保護制度の意義を説明しています。*13

また子どもたち自身がクラス委員会での討論を踏まえて、給食の改善について、3つの重要項目を自治体に提出しています。

その内容は、①給食への予算配分を2倍にすること。②民主的な投票で決まったお好みの料理トップ20—私たちが食べたいのはこれだ。③使い捨て食器類の全廃などとなっています。子どもの基本的人権保障のあり方、人権教育、主権者教育が具体的に実践されている世界の教育実践から学ぶことが求められています。

とりくみ事例3　カナダのオンタリオ州の貧困削減に向けた制度と教育に関するとりくみを紹介します。*14 オンタリオ州のとりくみの特徴は、コミュニティでの支援の多様性です。州政府は支援策の大枠を示しますが、それを地域でいつ、誰が、誰を対象に、どのような方法で行うかは地域で考えるという考え方で成り立っています。まさにコミュニティハブ（地域の中継拠点）が考え、実行するしくみとなっています。

コミュニティハブのデザインは行政のガイドラインや設置基準などが基本的になく、コミュニティハブの運営者たちは地域のニーズに応えることを試行錯誤した結果、それぞれが違う特徴を持ったハブとなっています。その特徴は５つの多様性に集約されます。①なりたちの多様性、②対象の多様性、③プログラムの多様性、④つなぎ方の多様性、⑤空間の多様性などです。いくつかの項目を補足しておくと、②対象の多様性は、乳幼児から学童期を対象にしたハブ、ＬＧＢＴＱ（Lesbian、Gay、Bisexual、Transgender、Questioning）に焦点化したハブ、言語や文化の壁を超えるユニバーサルなハブ、あらゆるライフステージをカバーするマルチハブなどが用意されています。③プログラムの多様性は、直接的な子ども家庭支援だけではなく、親の就労、教育、住宅、ユースの創作活動、フードバンク、虐待やいじめ防止、生きるスキル、人権や差別など、それぞれ特徴的なプログラムが準備されています。

特筆すべきコミュニティハブとして、「ＬＧＢＴＱの人々を支える５１９コミュニティセンター」をごく簡単に紹介します。５１９ハブは、設立から40年が経過し、ＨＩＶ／ＡＩＤＳ感染者、移民、難民、ホームレス、ソーシャルサービスが届きにくいグループなど、社会から排除されがちな住民へのサービスを提供し続けています。ジェンダー・セクシュアリティの健康とウェルビーイングに関する14分野、約80種類のプログラムを運営しています。アートとカルチャー（ＬＧＢＴＱの人々による読書会など17プログラム）、コミュニティドロップイン（６プログラム）、コミュニティサポート（ＨＩＶ検査など無料の検診と健康相談など14プログラム）、自主企画（エイズで亡くなった人びとへのメモリアル事業など55プログラム）、家族と子ども（性的マイノリティの人たちが親になるために社会、家計、医学、法律などを学ぶ12週実践講座など10プログラム）、トランスジェンダーの住民への特定サービス（10プログラム）などが用意されています。[15]

コミュニティハブは「ひとつとして同じカタチはない」といわれますが、コミュニティハブすべてに共通する理念は、最も弱い立場にある人にサービスを届け、共通の居場所を確保することにあります。「このゆるぎない基礎があるから多様性が魅力」となるのです。

とりくみ事例4　ＳＤＧｓを実現する豊かな感性をみがくとりくみが提起されています。「インクルーシブデザイン（Inclusive Design）」は高齢者や障がい者、子どもなど、これまで政策形成の担い手として位置づけられてこなかった多様なユーザーを積極的に政策形成のプロセスに迎えるデザイン手法です。「インクルーシブデザイン」では、想定する主題に即した政策形成や援助実践やサービスの開発において、ワークショップ形式の進行方法が有効です。

このとりくみには二つのキーワード、つまりダイバーシティ（多様性）とインクルージョン（包括、包含）があります。前者は多様な価値観を持った人びとを指し、後者は多様な価値観を持った人びとが対等に社会参加できることを意味します。「ＳＤＧｓに向き合う姿勢が他人ゴトのままではなく、自らの日常生活と何ら変わりないはずの生活場面に生じている課題だと認識することで自分ゴトになる[16]」のです。その点でいえば、貧困問題の当事者の参加を学びのプロセス、政策立案の論議にいかに当事者参加の原則を貫くのかが問われています。

日本においても貧困を克服する具体的なとりくみがすすめられています。

とりくみ事例5　埼玉県学習支援事業「アスポート」では中学生への学習支援、高校進学を目指す中学生支援をすすめてきました。これまで生活困窮世帯や生活保護世帯の子どもを対象に、学習支援事業を実施し、2017年度時点で、中学生教室100教室、高校生教室43教室までに拡大しています。学習支援・訪問支援は9年間で2000人への支援を実施し、延べ9000人が支援を受けてきました。さらに子どもの学力や非認知能力の格差は、小学生の段階から発生するとされている調査・研究の知見に基づいて、2018年からモデル事業として困窮世帯の小学生向けの学習・生活支援事業（ジュニア・アスポート事業）を7市町で開始しています。

密着支援の現場をみると、貧困を抜け出したいという中学生の希望をいかに大切にするかがとりくみの原点です。目標をもって挑戦する気持ちの形成の大事さが強調されています。「貧困は蓄積し変態しながら連鎖していく」という特質をもっているとすれば、その連鎖を断ち切るとりくみには、あきらめ意識の醸成と希望のはく奪という〝貧困の文化〟に向きあう希望をはぐくむちからの形成が求められています。それは夢をもつことの重要性でもあります。

偏差値的な学力の向上というだけでなく、学ぶことを通して変化し成長していく自らの自己肯定感・観を高めていくことともに、関わってくれている大人たちへの信頼感の獲得が希望という挑戦する自己を形成する可能性の広がりへとつながっているのです。それは寄り添っている支援者とともに保護者もこの社会は人間を見捨てない社会という実感を獲得することになっています。

とりくみ事例6　NPO法人札幌自由学校「遊」のとりくみは、市民によるSDGsの地域目標づくりのひとつの貴重なとりくみです。とりくみの問題意識のひとつに、「国連が打ち出す取り組みが、国内へ、国から自治体へと下りてくるに従い、既存の施策をかき集めたような魂の抜けたものになってしまうことであった」と指摘されています。そうした反省を踏まえて、ＳＤＧｓをベースとした北海道における地域目標づくりにとりくみをすすめています。

目標づくりの市民ワークショップを開催して、北海道の地域性も加味した９つのテーマを設定しています。その中には、①貧困と格差、③労働と雇用／消費と生産、⑨質の高い教育／ＥＳＤ（持続可能な開発のための教育）などの項目があげられています。ＳＤＧｓは「脆弱な人々」に焦点が当てられており、その脆弱性の共通する土台は貧困です。「ＳＤＧｓを市民の力に」するために、①普遍と具体の往復運動を、②誰一人取り残さない―人権と人間の尊厳を基本に、③過去をみつめながら、未来を描き、方向性を変える、④市民社会スペースの拡充へ、などが掲げられています[*17]。

このとりくみ事例の特徴は、①ＳＧＤｓのなかに「地域目標づくり」を市民の運動として位置づけていること、②貧困と労働政策を地域発展の土台として政策課題としていること、③人権と人間の尊厳をすべての人に保障する視点を貫いて議論をすすめていることです。こうしたとりくみを地域の市民組織がどう担っていくのかが、今後の貧困問題への対応とともに、ＳＧＤｓへのアプローチを具体化するうえでも重要なアクションとなっています。

6　貧困根絶の可能性と課題

ＳＤＧｓにおける貧困をなくすためのゴール（２０３０年目標）の１・４「２０３０年までに、貧困層及び脆弱層をはじめ、すべての男性及び女性が、基礎的サービスへのアクセス、土地及びその他の形態の財産に対する所有権と管理権限、相続財産、天然資源、適切な新技術、マイクロファイナンスを含む金融サービスに加え、経済的資源についても平等な権利を持つことができるように確保する」ことを共通の課題としてあげています。

そうしたゴールへの障壁となっている現状と課題について考えてみます。

国・行政がとりくむべき課題

ＳＤＧｓにおける貧困をなくすためのゴール（２０３０年目標）の１・３「各国において最低限の基準を含む適切な社会保護制度及び対策を実施し、２０３０年までに貧困層及び脆弱層に対し十分な保護を達成する」が掲げられています。

国・行政がとりくむべき課題の第1は、法律・制度に関する課題です。子ども・若者育成支援推進法（２００９年）、子どもの貧困対策法（２０１３年）などがありますが、あくまでも年齢が限定された貧困対策法であり、生活保護法は成人を基本的には前提にした法律です。それらは理念的にも保障水準においてもきわめて低いのが実際です。生活保護支給額の低さだけでなく、生活保護の捕捉率（生活保護を利用する生活実態にある人のうち現に利用している人の割合）の低さが突出しています。たとえばドイツが64・6％、フランス91・6％、イギリス47〜90％、スウェーデン82％に対して、日本は15・3〜18・0％となっています。[*18] こうした現実は国民の権利行使が抑制されていることを示しています。その点では権利として教育・福祉の理念に立脚した包括的生活保障法の制定が求められています。あわせて自治体レベルでの包括的「貧困対策条例」の制定などの課題をあげておきます。

それらの法律や条例に盛り込むべき事項は、①必要な人をだれ一人も見捨てない、健康で文化的な人権保障法としての理念を明記し、実質化していく条項の整備が問われています。②貧困の定義と基準を法の対象として確定していくことも重要な課題です。③包括的生活保障法では、期限を設定したうえで貧困率の改善目標を明記することは必要不可欠です。補足的にいえば、「子どもの貧困対策条例」の制定を促進する運動は、市町村における貧困問題へのとりくみを発展させていくうえで不可欠です。

第2に、国家予算対策の編成上の基本方向の改革が必要です。国民の税金をどこに使うのかが問われており、相対的貧困率15・6％（2018年1月現在、全人口の1億2659万人のうち約1975万人が貧困層）を対象とした貧困対策を骨格とした生活保障分野に本格的に財政を投入することが求められています。オスプレイや戦闘機、戦艦よりも人間の安全保障に財政投入の力点を置くことで、税金の流れを国民に向けていくかどうかが問われています。

第3として、貧困を軽減・緩和・解決するための行政と民間団体・個人のネットワークの形成が重要な課題としてあります。家族生活を対象に考えると、プラットフォーム（足場、水先案内）として位置づくのは、行政、学校、保育所、NPO団体、民間団体などです。その際に大事にしたいことは当事者団体がどこまで関わり、発言していくのかを意識的に追究していくことです。その点でいえば、公務労働の民営化・民間化が進行していることは、企業の利益という観点が入り、「住民の福祉の増進」（地方自治法第1条の2）を目的とする自治体の基本的役割を果たす上で逆行しています。この点の改善への方針と予算づけは不可欠の課題となっています。

第4として、貧困解決のためのロードマップの作成が求められています。それは国だけではなく、自治体レベルでも解決への具体案の作成が求められています。

第5に、上記の課題に本気で対応するためには、国・自治体において、貧困を中心課題とした担当部局を設置することが必要です。担当体制の総合的なネットワークのあり方が問われているのです。それは貧困問題に関するワンストップの窓口の開設を不可欠の課題としています。

第6に、これらの課題にとりくむソーシャルアクションを組織化していくことも重要な課題です。むしろ運動なくして、貧困解決への道を拓くことはできません。

人間を見捨てない国、人間を大切にする国への転換が問われる大きなテーマが貧困問題です。「貧困」解決への本気度が国・自治体にあるかどうかが試されていますが、依然として行政施策による解決へのアプローチがなされているとはいえないのが現状です。

7　貧困問題の解決のために

貧困を解決するための施策の柱は、前提としての実態把握のための貧困調査と資料の収集、具体的な施策としての現金給付と現物給付の2つの側面から考えることが必要です。そのうえで法制度・政策上の抜本的解決への道が求められています。[*19]

前提としての調査の実施

国は毎年実施される「国民生活基礎調査」において3年に1回、子どもの貧困率の統計を示しています。全国的なレベルでの子どもの貧困率が集計できているということは、都道府県単位及び市区町村での子どもの貧困率の調査も十分可能です。現在のような量的調査だけではなく、質的調査の実施が必要になっています。

すでに大阪府とともに沖縄県が全国に先駆けて県レベルでの貧困調査を実施し（調査期間：2015年10～11月）、2016年3月に子どもの貧困率29・9％という結果を導き出しています。沖縄県企画部が2018年に実施した県民意識調査（3～5年で実施）で重点的にとりくむべき施策を複数回答で聞いたところ、「子どもの貧困対策の推進」が42・1％と突出して高く、2番目は「米軍基地問題の解決促進」の26・2％となっています。行政が調査を通して現実を捉え、住民と共有する努力をしてこそ、解決への機運と道筋が見えてきます。

現金給付

可処分所得水準が貧困線以下にある家族に対して現金給付することが必要です。現在のように現金給付を抑制している対策では、改善はすすまないのが実際です。家族と子どもの貧困を規定している環境条件の改善に焦点を当てて、現金給付を検討すべきです。

今後、フランスなどの家族・子育て支援策、イギリスなどの子どもの貧困支援策などを参考にしながら、切れ目のない包括的な現金給付制度を確立していくことが必要です。そのためには必要な財政措置を大胆に実施して、国家予算、自治体予算における優先順位の再検討を踏まえて抜本的な予算編成が求められています。

現物給付（具体的なサービス給付のこと）

現在、子どもの貧困対策として、学校にスクールソーシャルワーカーの配置が少しずつですがすすめられています。しかしそのほとんどのワーカーが非正規職です。政府がすすめている学校における子どもの貧困対策をワーキングプアの状態に近いスクールソーシャルワーカーが担うことになっているのです。

民間の活力を生かすことは大事なことですが、専門職配置の基盤には行政の施策として責任のある人員配置をしていくことが重要です。あらたな課題には新職種での職員配置を検討することも必要ですが、国・自治体の公務労働者、学校・学童保育・保育所が本来の機能を果たすことができるように、教員・専門職員の配置基準の改善をすすめていくことが必要不可欠の課題です。

今後の国際的な連帯と協力のあり方として、SDGsにおける貧困をなくすためのゴール（2030年目標）では、1・a「あらゆる次元での貧困を終わらせるための計画や政策を実施するべく、後発開発途上国をはじめとする開発途上国に対して適切かつ予測可能な手段を講じるため、開発協力の強化などを通じて、さまざまな供給源からの相当量の資源の動員を確保する」。1・b「貧困撲滅のための行動への投資拡大を支援するため、国、地域及び国際レベルで、貧困層やジェンダーに配慮した開発戦略に基づいた適正な政策的枠組みを構築する」などの課題を提示しています。

貧困は人間社会が生みだしたものであれば、その根源に戦略的政策的にアプローチし、貧困を削減し根絶していく制度と社会構造を構築していくことは可能な課題です。これまでの歴史は、貧困とのせめぎあいのなかで歩まざるを得ませんでしたが、SDGsにおける貧困をなくすためのゴール（2030年目標）という明確な目標を人類の共通課題として設定しました。問題は、各国政府、国際団体、民間組織、世界の人々がこの目標に本気でとりくむかどうかが問われているのです。

注

1　年越し派遣村が２００８年12月31日に日比谷公園に開設され、自立生活サポートセンター・もやい、全国コミュニティ・ユニオン連合会などが中心となって組織された実行委員会が、炊き出しや生活相談、職業相談、生活保護申請のとりくみを行うことで、貧困・格差の広がりが可視化されることで、日本の貧困問題への社会的注目を集めた。

2　総務省統計局「世界の統計２０１７」２０１７年３月、https://www.stat.go.jp/data/sekai/pdf/2017al.pdf、United Nations「World Population Prospects: The 2015 Revision」２０１５年７月29日、https://population.un.org/wpp/publications/files/key_findings_wpp_2015.pdf、２０２０年８月26日閲覧。

3　「世界の人口」http://arkot.com/jinkou/、２０２０年４月６日閲覧。

4　中野麻美『労働ダンピング』岩波書店、２００６年、iv・v。

5　セルジュ・ポーガム著、川野英二・中條健志訳『貧困の基本形態―社会的紐帯の社会学―』新泉社、２０１６年、２８８頁。

6　同前、２８９頁。

7　ポーガム前掲書、２４２頁。

8　ＯＥＣＤ編著、星三和子・首藤美香子・大和洋子・一見真理子訳『ＯＥＣＤ保育白書―人生の始まりこそ力強く：乳幼児期の教育とケア（ＥＣＥＣ）の国際比較―』明石書店、２０１１年、40・41頁。原題 *Starting Strong II: Early Childhood Education and Care*。

9　同前、41頁。

10　https://www.mhlw.go.jp/toukei/saikin/hw/k-tyosa/k-tyosa17/dl/03.pdf、２０２０年４月６日閲覧。

11　北海道大学大学院教育学研究院「子どもの生活実態調査」研究班・北海道保健福祉部「北海道子どもの生活実態調査結果報告書」２０１７年６月。

12　荒川自治総合研究所「子どもの貧困・社会排除問題研究プロジェクト最終報告書『地域は子どもの貧困・社会

排除にどう向かい合うのか—あらかわシステム—』２０１１年８月、74頁。

13　アーネ・リンドクウィスト、ヤン・ウェステル著、川上邦夫訳『あなた自身の社会　スウェーデンの中学教科書』新評論、１９９７年。

14　畑千鶴乃・大谷由紀子・菊池幸工著『子どもの権利最前線　カナダ・オンタリオ州の挑戦』かもがわ出版、２０１８年、大谷担当「第２部　コミュニティハブは子どもと家庭に支援をつなぐ地域の最前線」43～１０５頁。

15　同前、82～92頁。

16　塩瀬隆之「ＳＤＧｓを自分ゴトにするインクルーシブデザインの可能性」『家庭科』６５８号、全国家庭科教育協会、２０１８年。

17　小泉雅弘「ＳＤＧｓ・市民・先住民族—ＳＤＧｓ北海道の地域目標づくりの試みから—」『国際人権ひろば』No.141、２０１８年９月、８～９頁。

18　生活保護問題対策全国会議監修、尾藤廣喜・小久保哲郎・吉永純編著『生活保護「改革」ここが焦点だ！』あけび書房、２０１１年７月。

19　浅井春夫『「子どもの貧困」解決への道』自治体研究社、２０１７年、Ｉ　第４章「『子どもの貧困対策法』批判、『子どもの貧困対策条例』の提案」を参照のこと。

参考資料

日本環境教育学会監修、阿部治・野田恵編著『知る・わかる・伝えるＳＤＧｓ　Ｉ　貧困・食料・健康・ジェンダー・水と衛生』学文社、２０１９年。

第3章　子どもの虐待への対応

1　「新しい社会的養育ビジョン」を考える

施設養護か里親制度か

全国保育団体連絡会の役員を経験し、現在もそうですが保育問題が非常に大きな政策的な分岐点にあったので、保育政策をめぐる論点にかなり力点を置いてきました。それとともに児童福祉の研究者としては、社会的養護の問題や児童相談所の問題などに力点を置いて研究と運動をすすめなければならないと思っています。施設養護と里親制度をめぐる大きな問題が「新しい社会的養育ビジョン」で投げかけられている現在、虐待問題への対応を考えていく上で、避けて通れない政策文書として検討することが必要になっています。

塩崎恭久元厚生労働大臣の私的な諮問委員会で「新しい社会的養育ビジョン」（以下、「ビジョン」と略記）というものが２０１７年に出されました。そこでは、入所・利用児童の割合を施設養護から基本的に里親制度に大きく変えようという方向が出され、それに先立って２０１６年に法律改正が行われました。法律改正は全会一致で反対もなく通過しました。この法律改正について、やや疑義があります。法律で実践的な養育のあり方・内容論や運営システムまで具体的に書き込むことは、法律の範囲を超えているのではないかということです。どういう権利を守るかという点でいえば、憲法や子どもの権利条約の人権条項などに即して、保障すべき権利（法的能力）について書かなければならないと思います。養育の形態とか内容についてはさまざまな意見があるし、国際的にみても、研究分野においても大きな議論がある政策方向を法律に書き込むというのは強引過ぎるのではないかということです。

施設養護か里親制度かという対立軸ではなく、本当に子どもの人権、権利を保障するためには、どういうシステムや内容が必要で、どのような権利内容を保障していくかという議論をしなければいけないのではないかということです（『〈施設養護か里親制度か〉の対立軸を超えて』参照）[*1]。世界の社会的養護の現状をみて、里親制度には「フォスターケア・ドリフト」、つまり「たらい回し」にされるという状況があります。たとえば、里親先進国と評価されるオーストラリア・西オーストラリア州の措置変更履歴調査（２０１１年）によれば、2～5か所の生活場所の変更をしている子どもが40％、6～10か所の移動をしている子どもが14％、11か所以上の生活場所の経験をしている子どもが32％いるという結果があります（前掲書、63頁）。同じく里親先進国のひとつであるカナダ・

ブリティッシュコロンビア州においても、1年間（2016年）に養育環境が変更になった回数は、0回が17％、1～3回が55％、4～6回が22％、7回以上が6％となっており、短期間に里親家庭を〝たらい回し〟にされている現実が報告されています（前掲書、66頁）。

里親制度を一般的に考えれば、少人数で少人数の子どもを養育するのはいいことのように思いますが、そこには〝抜き差しならない〟人間関係を生じる可能性もあります。そして、現在の日本のように虐待がこれだけある時代の中で、制度的に専門職としては位置づけられていないセミプロ（有能な里親さんはたくさんおられるのですが）である里親の人たちに委ねて、本当に社会的養護の中軸を担ってもらうための体制が確保できるのでしょうか。子どもの権利保障の観点から、①制度上の正確な現状分析、②子どもの発達要求、③子どもの実家族の要望、④里親側の要望、⑤具体的な実践内容の検討が求められています。

そして日本型の社会的養育の構想とはなにかについて議論しなければならないと考えています。

現場への敬意はあるか

さらに、児童養護施設での仕事の経験を踏まえると、この「ビジョン」に、現場の人たちに対する敬意があるのか疑問です。現場への敬意なしに、国際的には里親制度を重視する方向だから、こう進めていくということになっています。「ビジョン」の具体的な方針の柱のひとつに、入所措置に関して、幼児については75％を短期間に移行するとか、学童の場合は半分を里親さんに移行するなど、これは計算してもできない提案をしているわけです。できない「ビジョン」というのは、単なる構想どころか、無責任な提案（ビジョン vision には、構想、未来図という意味のほか「幻想、幻影、まぼろし」という意味もある）になるのではないかということです。

里親制度が増えることについては、乳幼児についてはさらに制度的に拡充すべきと考えていますが、現在の里親制度の条件と支援体制の不備なままでは大きな問題が起こるという議論をしてきました。

オーストラリアとかカナダとかの里親制度の先進国では、施設の再評価と里親から施設への比重の再変動という方向にゆり戻しはしていないという反論がありますが、全く筋違いです。一旦施設を閉じたら、もう1回施設に還ろうというのは相当な準備と議論、そして土地、建物の条件などの確保が必要になります。そうした現実と課題を考えると、現在進められている「社会的養護の構造改革」ともいうべき政策に対して徹底的に理論的にも実践的にも抗っていくことが必要です。人間として譲ってはいけないこと、研究者が譲ってはいけないことがあります。現場の人と交流しながら、現場の人がなかなか言えないことを研究者として発言する責任があります。児童相談所の今後の改革のあり方についても、もっと大胆に議論しないと、必要な改善も進まないのではないかと思います。

ジェンダー平等

性教育の基礎理論としてのセクソロジー Sexology があります。私は「人性学」と訳します。これは社会的文化的につくられてきたジェンダーのレベルでの平等ということが今いろいろと議論されていますが、セクソロジーはジェンダーの平等も含めて、人間らしい性のあり方について、知識・態度・スキルのレベルで学ぶべきことがあることを議論してきました。さまざまな運動の中で、労働組合も含めてジェンダーのアンバランス、つまり不平等なところがあることなどはこれまでも指摘されてきましたし、問題提起もしてきました。この性教育の中で、「包括的性教育」という性教育のあり方について考えていきたいと思います。これは「国際セクシュアリティ教育ガイダンス」というユニセフやＷＨＯ（国際保健機関）などの国連に関連する国際団体が共同して検討し、ユネスコ編で発表した世界の標準にもなっている性教育の実践的な説明書といえるものです。そうした国際的な標準（スタンダード）からみれば、日本の性教育政策は全く遅れています。

最近でも２０１８年3月16日、東京都議会文教委員会において、古賀俊昭都議（自民党）は、区立のある中学校で行われた人権教育の一環としての「自分の性行動を考える」という授業を取り上げ、「不適切な性教育の指導がされている」、「問題点がある。都教委はどう考えるか」と質問しました。その質問を受けて都教委は、その区と中学校に「指導」をするとの答弁をしたのですが、実際には現場への「指導」の名による介入はできませんでした。中学生の時期に、「避妊」「中絶」などの自らの人生を左右するような性的自己決定能力をはぐくむことは、必要不可欠の学びの課題です。

「国際セクシュアリティ教育ガイダンス」では小学校の高学年での学習目標と位置付けられているのです。社会の現状と子どもの性的な学びのニーズ、これからの性的選択をしていく基礎知識を形成することは大切な課題となっています。

多くのマスコミも、保護者も、世論も、教育研究者も基本的には現場の性教育実践の内容と必要性を圧倒的に指示しているのが実際でした。こういう性教育バッシングがなかなかできないような状況を、日本においてもある程度は形成されてきていることを実感しています。いまこそ包括的性教育を推し進めていくときではないでしょうか。

2　子どもの虐待

戦争孤児のルーツ

戦後の社会福祉は戦争の後始末をするために再出発しました。戦争が起これば戦争孤児が生まれます。実数よりかなり少ないと思われますが、12万3511人という統計があります。この統計は最近いろいろ調べてみると、厚生労働省が責任をもって原資料もっているとはいえないようです。正確には公表していないのです。正式に歴史的な史料に関して、情報開示請求をしないといけないのではないかと考えています。

2020年は戦後75年です。戦争孤児だった方が自分のルーツを調べようと思っても、なかなか行政の壁があってうまくいきません。児童相談所の方でも教えられません。結果的に内容についての文章が出されても敗戦直後の教科書みたいに黒塗りで重要な部分が塗り潰されています。したがって自分のルーツ自体がわからないのです。個人情報の守秘義務はもちろんありますが、やはり自分のルーツを知ることは権利でもあります。東京大空襲で戦争孤児となった谷平仄子《ほのこ》さん（元教員）が北海道庁に申請をした個人情報の公開に関して、不服審査会に情報公開を申請し、開示の判断がされました。あきらめずに闘ったご本人の執念が実ったものです。

戦争孤児というのは国家の責任で行った戦争の結果ですので、これはぜひとも国会で対応すべき課題として位置づける必要があります。

虐待と貧困の関係

現代社会においては子どもの貧困があることは社会的には自明のこととなっています。しかし高度経済成長期には「貧困」自体が存在しないかのように言われてきたこともありました。貧困の度合い・深刻度がどの程度か、パーセンテージではどのように変化したのかという現状分析を踏まえて、貧困を解決するという問題意識と政策の具体化が求められています。

いま児童相談所が集中的にバッシングされることがよくありますが、実態を見れば圧倒的に子どもの命を救っているのが児童相談所です。子どもの虐待事件が起きれば、親個人の問題だけをバッシングするマスコミのあり方も問題です。また児童相談所の改善が進まないのも大きな問題だと思います。イギリスや諸外国と比べても、職員の人口比の割合でいえば、一桁違うくらいの配置です。こんな少数の人員で、現場の方は苦労されていると思います。この実態をみずにバッシングするのでは、何の解決にもなりません。ましてや里親制度に移行すれば解決するということでは全くありません。

日本とイギリスの児童保護（児童相談業務と措置）におけるソーシャルワーカーの人員数を比較してみましょう。２０１７年のイギリス全体の児童保護のしごとを担うソーシャルワーカー数は３万６７０人でワーカー１人のケースの担当数は16・８ケースとなっています。*2 欧米での児童保護機関のソーシャルワーカーのケースの担当数は20ケースあまりです。相談と業務内容は必ずしも同じではないことを前提にしても、日本の都市部では担当ケースが１００～１２０といわれていますので、５、６倍のケースを担っていることになります。こうした桁違いの貧弱な条件のなかで、日本の児童相談所のソーシャルワーカー（児童福祉司、児童心理司）が奮闘されているのです。国際的にみて、児童相談所の人員配置の構造的な低レベルの現状にあることを本格的に改善しなければならないことは明らかです。

虐待というのは貧困と裏表の関係にあることは間違いありません。児童相談所の全国的な調査によっても、「正規就労（自営業を含む）」（30・2％）で、それ以外の約7割が「主たる虐待者」となっており、低所得層に虐待の発生が集中している傾向にあります。*3 その周辺の人を入れると、さらに貧困との有意な関係を認めることになります。経済的な貧困が虐待のベースにあるということは国際的にも共通の認識です。

「経済的貧困」から「貧困の文化」そして「発達の貧困」から破壊的行動

図３－１の「経済的貧困」のうち「①必需品の不足」、「②教育費の貧困」は分かりやすいですが、「③経験の貧困」について説明しますと、夏休みの家族旅行や博物館の見学などの家族の思い出を作ることができない、あるいはパソコンを購入し使えるようになることも大切な学習的経験です。そこでも格差が生まれます。これはある程度はお金で解決できます。しかし、実際には経済的な家族支援は非常に不十分なので貧困・格差は広がっていくのです。

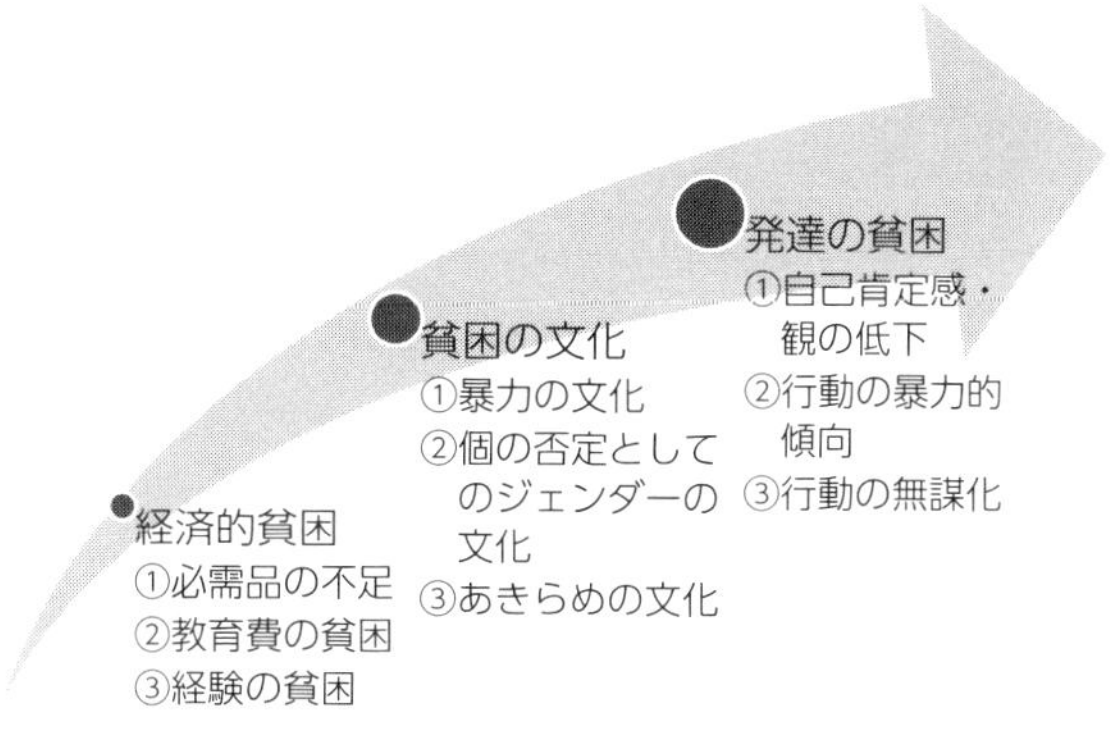

図３－１　子どもの貧困と発達への影響

出所：著者作成。

そして「経済的貧困」というのは「貧困の文化」に繋がっていきやすいといえます。「貧困の文化」で特徴的なことは「①暴力の文化」です。それは家庭をつくればお互いがみんな幸せかというと必ずしもそうではありません。ＤＶ（配偶者暴力）もある。高齢者虐待もある。子ども虐待もある。この３つの虐待、３つの暴力が家庭の中にあるというのが現在の状況です。したがってこの貧困というものにどうアプローチしていくのか、そしてまた虐待という形で具体的な事実になった時に、どのように対応できるかということが問われます。

「②個の否定としてのジェンダーの文化」ということについても一つだけ言っておきたいと思います。たとえば、子どもたちがドッチボールをします。男の子がバシッと当てられて泣いている。そうすると、先生が「タケシ君メソメソするんじゃないよ。また当ててこっちに入りなさいよ」「男の子なんでしょ。男らしくしようね」というふうに言う。ケイコちゃんがスカートを振り乱しながらバンバン男の子に当てていると「ケイコちゃん、女の子なんだからもうちょっとおしとやかにしたら。女の子なんでしょ」と言う時の「男の子なんでしょう」「女の子なんでしょ」、「男らしく」「女らしく」というこの「らしく」とか「でしょ」の上に「男」が付いたり、「女」が付いたりすることで、決定的に意味合いが違うということになります。具体的な内容としては「男らしくしなさい」というのは勇気・励まし・頑張りなさいというメッセージです。「女らしくしなさい」というのは、抑制、もう少しトーンを落としなさい、止めなさいという禁止メッセージです。男であるか、女であるかというのは、ジェンダーという視点からすれば全く違う方向を示したメッセージを送って、女性はそういうふうにするのではなくて、もうちょっとおしとやかに静かに、というメッセージを送られることが基本的な内容になっています。これがジェンダー文化の大きな問題です。このことが虐待とか貧困にまみえた家庭の中には少なくないのです。

そして「貧困の文化」の最大の問題は「③あきらめの文化」です。「あきらめ」は本来は仏教用語で「明らかに見極める」ということです。放棄をするとか、断念するという意味だけではありません。「経済的貧困」から「貧困の文化」、そして「発達の貧困」へと展開していきます。このように虐待と貧困はメダルの裏表の関係にあるのです。

そもそも虐待とは何か

そもそも虐待とは何か。「虐げる」という字は、第1章で述べたように猛獣が獲物を押さえつけている爪の形です（**表3－1**）。虐待でよくいわれるのは、子どもの乱用、不適切なかかわりということです。英語で「ABU

表3－1　「虐げる」という字の意味

しつけ／体罰（教育的指導）／折檻／虐待 体罰はこれを禁ずるという建前と実際の二重構造 軍事文化に教育文化が統制された
ABUSE は、AB/USE 子どもの乱用、不適切なかかわり
「maltreatment」とは、大人に依存しケアされなければ生き、成長していくことのできない子どもに対する「不適切な関わり」

出所：著者作成。

表3－2　児童相談所での虐待相談の内容別件数の推移

	身体的虐待	ネグレクト	性的虐待	心理的虐待	総　数
2009 年度	17,371（39.3%）	15,185（34.3%）	1,350（3.1%）	10,305（23.3%）	44,211（100.0%）
2010 年度	21,559（38.2%）	18,352（32.5%）	1,405（2.5%）	15,068（26.7%）	56,384（100.0%）
2011 年度	21,942（36.6%）	18,847（31.5%）	1,460（2.4%）	17,670（29.5%）	59,919（100.0%）
2012 年度	23,579（35.4%）	19,250（28.9%）	1,449（2.2%）	22,423（33.6%）	66,701（100.0%）
2013 年度	24,245（32.9%）	19,627（26.6%）	1,582（2.1%）	28,348（38.4%）	73,802（100.0%）
2014 年度	26,181（29.4%）	22,455（25.2%）	1,520（1.7%）	38,775（43.6%）	88,931（100.0%）
2015 年度	28,621（27.7%）	24,444（23.7%）	1,521（1.5%）	48,700（47.2%）	103,286（100.0%）
2016 年度	31,925（26.0%）	25,842（21.1%）	1,622（1.3%）	63,186（51.5%）	122,575（100.0%）
2017 年度	33,223（24.8%）	26,821（20.0%）	1,537（1.1%）	72,197（54.0%）	133,778（100.0%）
2018 年度（速報値）	40,256（25.2%）（+7,033）	29,474（18.4%）（+2,653）	1,731（1.1%）（+194）	88,389（55.3%）（+16,192）	159,850（100.0%）（+26,072）

原注1：2010 年度は、東日本大震災の影響により、福島県を除いて集計して数値である。
原注2：2018 年度の件数は、速報値のため今後変更があり得る。
出所：厚生労働省「平成 30 年度の児童相談所での児童虐待相談対応件数〈速報値〉」より著者作成。

SE」、「AB／USE」です。ABは接頭語で「間違った方向に進む」という意味です。さらにストレートにいえば、子どもの人権を侵害している行為そのものであるといえます。本来あってはならないことですが、増加し続けているのが実際です。

２０１８年度中に、全国２１２か所の児童相談所が児童虐待相談として対応した件数は15万９８５０件（速報値）で、過去最多となっています（**図１－３**、26・27頁）。前年比では１１９・５％の増加となっています。継続的に児童相談所で児童虐待統計をとりはじめた１９９０年度から28年連続の増加となっており、１４５倍を数えています。

件数の推移

児童福祉施設	警察等	学校等	その他	総　数
1,401 (3%)	6,600 (15%)	5,243 (12%)	7,257 (16%)	44,211 (100%)
1,584 (3%)	9,135 (16%)	5,667 (10%)	8,746 (16%)	56,384 (100%)
1,516 (3%)	11,142 (19%)	6,062 (10%)	9,415 (16%)	59,919 (100%)
1,598 (2%)	16,003 (24%)	6,244 (9%)	9,954 (15%)	66,701 (100%)
1,680 (2%)	21,223 (29%)	6,498 (9%)	11,160 (15%)	73,802 (100%)
1,714 (2%)	29,172 (33%)	7,256 (8%)	14,028 (16%)	88,931 (100%)
1,725 (2%)	38,524 (37%)	8,183 (8%)	14,921 (14%)	103,286 (100%)
1,772 (1%)	54,812 (45%)	8,850 (7%)	15,850 (13%)	122,575 (100%)
2,046 (2%)	66,055 (49%)	9,281 (7%)	15,250 (11%)	133,778 (100%)
2,440 (2%) (+394)	79,150 (50%) (+13,095)	11,449 (7%) (+2,168)	18,138 (11%) (+2,888)	159,850 (100%) (+26,072)

表３－２の内容別件数でみれば、心理的虐待が55・３％、身体的虐待が25・２％、ネグレクトが18・４％、性的虐待が１・１％という割合になっています。**表３－３**の経路別件数も参照。

なぜ虐待が発生するのか

なぜ虐待が発生するので

表３−３　児童相談所での虐待相談の経路別

	家　族	親　戚	近隣知人	児童本人	福　祉 事務所	児童委員	保健所	医療機関
2009 年度	6,105 (14%)	1,237 (3%)	7,615 (17%)	504 (1%)	5,991 (14%)	317 (1%)	226 (1%)	1,715 (4%)
2010 年度	7,368 (13%)	1,540 (3%)	12,175 (22%)	696 (1%)	6,859 (12%)	343 (1%)	155 (0%)	2,116 (4%)
2011 年度	7,471 (12%)	1,478 (2%)	12,813 (21%)	741 (1%)	6,442 (11%)	327 (1%)	202 (0%)	2,310 (4%)
2012 年度	7,147 (11%)	1,517 (2%)	13,739 (21%)	773 (1%)	6,559 (10%)	293 (0%)	221 (0%)	2,653 (4%)
2013 年度	7,393 (10%)	1,554 (2%)	13,866 (19%)	816 (1%)	6,618 (9%)	290 (0%)	179 (0%)	2,525 (3%)
2014 年度	7,806 (9%)	1,996 (2%)	15,636 (18%)	849 (1%)	7,073 (8%)	281 (0%)	155 (0%)	2,965 (3%)
2015 年度	8,877 (9%)	2,059 (2%)	17,415 (17%)	930 (1%)	7,136 (7%)	246 (0%)	192 (0%)	3,078 (3%)
2016 年度	9,538 (8%)	1,997 (2%)	17,428 (14%)	1,108 (1%)	7,673 (6%)	235 (0%)	203 (0%)	3,109 (3%)
2017 年度	9,664 (7%)	2,171 (2%)	16,982 (13%)	1,118 (1%)	7,626 (6%)	218 (0%)	168 (0%)	3,199 (2%)
2018 年度 (速報値)	11,178 (7%) (+1,514)	2,313 (1%) (+142)	21,449 (13%) (+4,467)	1,414 (1%) (+296)	8,331 (5%) (+705)	230 (0%) (+12)	216 (0%) (+48)	3,542 (2%) (+343)

原注 1：割合は四捨五入のため、100%にならない場合がある。
原注 2：2010 年度は、東日本大震災の影響により、福島県を除いて集計した数値である。
原注 3：2018 年度の「その他」で最も多いのは、「(他の) 児童相談所」が 7,455 件である。
原注 4：2018 年度の件数は、速報値のため今後変更があり得る。
出所：同前。

しょうか。ジェンダーの問題で強調しているのは、第５章でみるように男性が子育てに関わっていないのに虐待の当事者になることの多さです。実態としては実母の虐待が多く、心理的虐待の件数がトップです。「社会的文化的背景」がジェンダーにもとづいた暴力にはあります。

つぎに「ストレス」の問題です。働けばストレスが溜まり、生活を維持するにもストレスが溜まります。「養育者の生育・社会環境」も大きな要素です。補足し

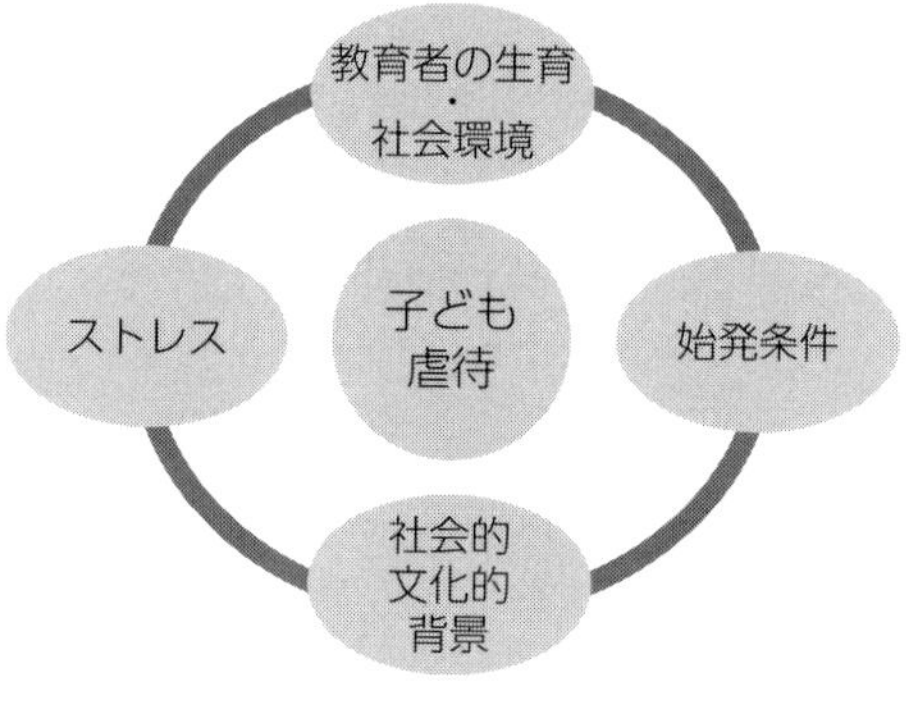

図３－２　虐待のチェーン現象

出所：著者作成。

ておくと、虐待をされた子どもは虐待する親になる、という「虐待のチェーン現象」がよく指摘されます。このことは、まだ関連書籍に時々出ますし、事例としてもありますが、チェーン現象が必然的に起こるというものでは全くありません。「虐待のチェーン現象」（**図3－2**）の意味するところは、①虐待の加害者になった親は、虐待の被害者だった可能性があるという加害者の捉え方を変えていく一面があります。また、②虐待を受けた子どもを、暴力を容認するような人間にならないように育てていく、パックアップしていく、虐待の継続者にならないようにしていく。こういう2つの意味があって「虐待のチェーン現象」が語られると理解しなければいけません。虐待を受けた子どもは、虐待をする親になるのだ、というラベリングは排除しなければいけません。

そういう中で、さまざまな始発条件があります。子どものことで、隣の家から怒鳴り込まれる、子どもが親の言うことを聞かない、恨みがましい顔をするとかです。東京都目黒区の結愛《ゆあ》ちゃんのように、「言うことを聞かないので、躾をしようと思ったけれどもなかなかできない」ということです。ＮＨＫの放映によれば、虐待をした親も、社会的に良い親にならなければいけないと思う、社会的な視線を強く意識する人で、学生時代からそうであったというマスコミ情報が流されています。このことが死亡に至る事件にまで結ばれていきます。マスコミでは「鬼親」とされますが、どういう環境が鬼親をつくるのでしょうか。あの虐待行為は断じて許されませんが、その構造はどうなっているのかという観点でみつめないといけません。事件を知るほどに、あの子が、あの年齢で残した文章に胸を突かれます。同時に私たちは「虐待の構造」をどう理解するかということも必要です。

表3－4のように、貧困が虐待の構造的背景です。つぎに**図3－3**をみます。この8つの層で虐待や貧困問題を捉えることができるのではないでしょうか。たとえば虐待についても基礎があります。貧困も、その土台とか基礎の構造があるのだということをみなくてはいけません[＊4]。裾野が広く、階層も深く、その頂点に問題が起こっていることをみておく必要があります。一番上に「私的に抹殺された養護問題」と書きました。これは、本来

表3－4　児童虐待相談のケース分析等に関する調査

1）	虐待者の就労状況 正規就労　29.6％
2）	虐待につながる要因 経済的な困難、虐待者の心身の状況 ひとり親家庭、夫婦間不和、不安定な就労
3）	虐待者と世帯の経済状況 課税世帯は3分の1にすぎない

出所：著者作成。

図3－3　子どもの虐待・貧困問題の社会的背景
出所：著者作成。

表３－５　児童虐待防止法５条・６条

（児童虐待の早期発見等）
第五条　学校、児童福祉施設、病院その他児童の福祉に業務上関係のある団体及び学校の教職員、児童福祉施設の職員、医師、保健師、弁護士その他児童の福祉に職務上関係のある者は、児童虐待を発見しやすい立場にあることを自覚し、児童虐待の早期発見に努めなければならない。
（児童虐待に係る通告）
第六条　児童虐待を受けたと思われる児童を発見した者は、速やかに、これを市町村、都道府県の設置する福祉事務所若しくは児童相談所又は児童委員を介して市町村、都道府県の設置する福祉事務所若しくは児童相談所に通告しなければならない。

だったら「乳児院」か「児童養護施設」に入居すれば、その子の人生は続いていたのだが、「私的に抹殺された擁護問題」という現実があるということです。

３　虐待をどう防止するか

児童虐待防止法のポイント

児童虐待防止法（**表３－５**参照）が上程され成立するときに、国会の二つの法案にアプローチしました。一つは、「社会福祉事業法改正」（２０００年６月公布、施行）という議論があって、これは社会福祉を儲けの方向に誘導していく可能性があるというので、「改正には反対」というアプローチをしました。同時にもう一つの法案が「児童虐待防止法」（正式名称「児童虐待の防止等に関する法律」は２０００年11月に施行）です。これは児童福祉法の一部改正でよいとする議論もありましたが、独立した法律として制定する必要があるとプッシュしました。厚生労働省は当初、「児童福祉法」の中に虐待条項を挿入する一部改正で済ませようとしていました。しかし、やはり単独の法律でなければいけない。成立したときは16か条の法律でしたが、それを法改正ということで積み上げていくことになりました。因みに、アメリカのカリフォルニア州の児童虐待防止の法律は2000か条に及びます。事件があるたびに条項を積み立てていき、法律・制度の谷間、落ちこぼしは許さないという姿勢を明確にしてとりくみを広げてきました。

他人と喜び、協働できるちから

埼玉県の児童虐待防止ネットワーク作りと要保護児童地域対策協議会（略称：要対協）作りには研修という形で関わってきました。ネットワークには**図3－4**のとおり三つのレベルがあります。

機関代表ネットワーク	・代表者会談 ・地域の課題の共有化
人間関係ネットワーク	・実務者会議・打ち合わせ ・事例を通しての実践の共有化
緊急問題対応ネットワーク	・48時間以内の手立て ・何ができるか、何をすべきか

図3－4　児童虐待防止ネットワーク

出所：著者作成。

「機関代表ネットワーク」は、やはり要対協中心になると思います。同時に要対協を機能させようとすれば、「人間関係ネットワーク」を作らなければなりません。各自治体の規模や財政事情に応じて要対協の機能の仕方というのはそれぞれ違います。したがって、どのように運営するかはそれぞれの要対協で違いが生じてきます。全国平均的にいうと、要対協は各自治体に設置されていますが、たとえば1年に2回程度で開催するのが実状です。問題は、その間を埋めるネットワークをもっと緻密に組む必要があります。さまざまな虐待や養護問題が出るわけですから、それに具体的に対応できるネットワークを作らないといけないのではないかと考えます。児童相談所の職員も非常勤職員が増えています。福祉事務所の家庭児童相談室はほとんどが非常勤で職務を担っています。常勤ではない職員の方たちが中心になって運営し、事例検討会を組織し、専門性を高める努力をしています。

つぎに「緊急問題対応ネットワーク」です。これは48時間以内に手立てを取るということです。最初に、埼玉県の児童相談所で先進的に「48時間ルール」を作り、実践してきました。

この「48時間ルール」を本当に機能させるためには、現場の職員の人員配置を飛躍的に改善しなければなりません。これだけ恒常的に虐待が増えている時代のなかで、48時間ルールを具体化するためには条件整備が必要不可欠の課題です。

この点について、虐待の通告があったら、その現場に24時間以内に緊急に集まれる人が集まる。児童相談所の判断待ちにしないで対応することが必要なケースがあります。まず集まることのできる人が集まって、どのように対応するか議論をする。議論する内容は虐待の発生を疑う事態をまず共有するということです。このように機能的に「緊急問題対応ネットワーク」を立ち上げて役割分担と時系列的な取り組みの内容を確認することが必要です。

虐待問題を考えるポイント

２０１９年6月、児童虐待防止法の改正等も行われ、「親の体罰禁止」が盛り込まれました。親権者や里親らは児童のしつけに際し、体罰を加えてはならない。民法の懲戒権の在り方は、施行後2年をめどに検討するという内容などが明記されました。**表3－6**のように、虐待を四つの種類で禁止した時点で、被害を受けるのはすべて子どもですから、親であっても、教師であろうと、地域の人であろうと虐待であることに変わりはありません。また、「体罰」という用語を使うことが極めて曖昧な状況を作ってしまうのではないかという懸念があります。何をもって「体罰」というのかということです。スウェーデンには「体罰禁止法」という法律があります。そこでの規定は非常に明確です。「マイルドスパンキング」もやめる、つまり「がんばりなさいのお尻や肩たたき」もやめる。たたく必要はないのです。言葉と表情で「がんばってね」。具体的に「がんばろうね」の内容を伝えることが大事なことです。マイルドスパンキングならよくて、それ以上はだめという分け方はできません。体罰に頼らない子育て、教育のあり方について、親が学ぶ機会を作らないといけません。

表3－6　4つの種類の虐待の禁止

1)	マイルドスパンキングもNO！　スウェーテン体罰禁止法 しつけ・体罰・虐待の線引き論議をしても無意味 閣僚会議「児童虐待防止対策の抜本的強化について」（3月19日）のはじめに「体罰禁止及び体罰によらない子育て等の推進」
2)	子どもの権利条約第19条 親・養育をする他の者による虐待からの保護
3)	おとなVS子どもの力関係を直視 情報・教育・経済・進路などの決定権
4)	虐待を繰り返さないシステムと関係性の形成 反省し、行動を修正していくこと

出所：著者作成。

「子育て支援」についてさまざまな議論がされます。白梅学園短大で非常勤講師として「子ども家庭支援論」の授業をする機会に、いろいろ読みましたが、これまでのテキストでは決定的な問題があると感じました。それで『子ども家庭支援

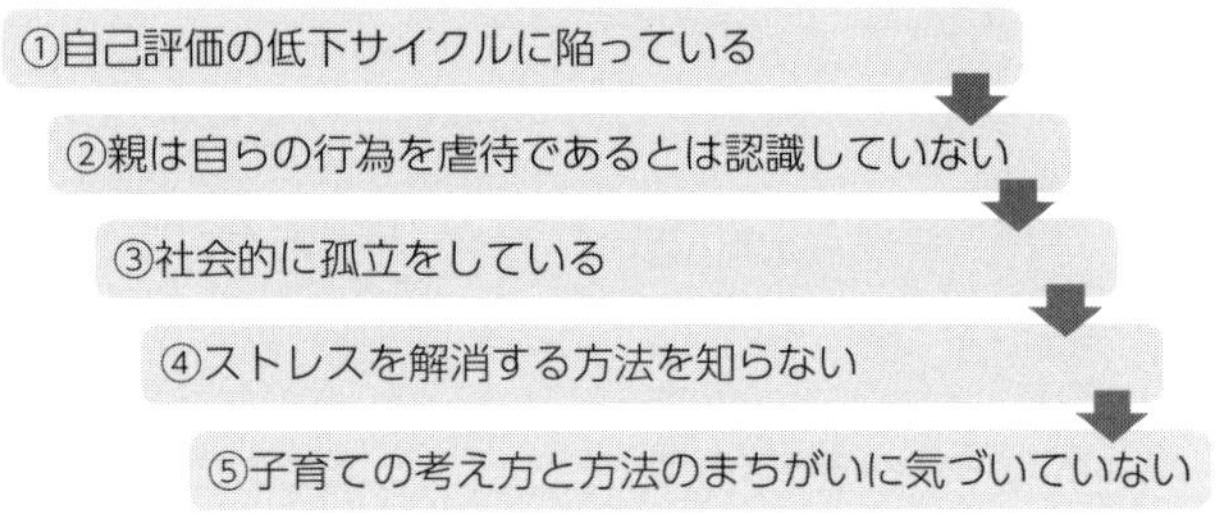
①自己評価の低下サイクルに陥っている
②親は自らの行為を虐待であるとは認識していない
③社会的に孤立をしている
④ストレスを解消する方法を知らない
⑤子育ての考え方と方法のまちがいに気づいていない

図３－５　自己評価の低下サイクル

出所：著者作成。

論―家族の多様性とジェンダーの理解―』を編集・出版することにしました[*5]。

なぜ、不充分かというと、「子育て支援」というけれど、その矛先はすべてお母さんに向かっています。「お母さんがんばれ」になっています。子育てサークルもお母さん中心の支援が中心になっています。これではお母さんをもっと苦しめる可能性だってあります。

虐待を繰り返す親の特徴・傾向

虐待を繰り返す親の特徴・傾向について考えます。**図３－５**にあるように「自己評価の低下サイクルに陥っている」というのは、虐待はだめだということは基本的に頭では分かっているけれども、また繰り返しやってしまう。あるいは、「親は自らの行為を虐待であるとは認識していない」、「躾」という言葉自体も大きな問題です。躾というのは漢字で書けば身体の「身」に「美」しいを付けて一つの言葉になります。だから躾というのは自分の身体的な機能を合理的に美しく使えるようにすることです。たとえば、ちゃんと箸を持つそれ自体が大切なことなのですが、鉛筆をきちんと使えるようになるための機能的に連続しているという合理性があります。

しかし、ここもジェンダーという観点から「躾」という問題もみなければいけないのではないでしょうか。大人たちの育った環境からの考え方をワンパターンで子どもに押し付けることは見直さなければいけません。児童福祉法の改正とか虐待防止法の改正についてもジェンダーという視点できちんと国会では議論をしていません。

その他に、虐待を繰り返す親の特徴・傾向では、「社会的に孤立をしている」「ストレスを解消する方法を知らない」「子育ての考え方と方法のまちがいに気づいていない」というものが重なりあっています。そのときに、やはり大事なのは、専門職の人がそこにさまざまな形で介入をしていくということだと思います。そういう取り組みをするためには、児童相談所の職員、心理の専門家、あるいは要対協、東京などでは家庭児童相談センターを中心に、子育て支援の地域センターを作るなかで、どうやっていくかが問われているのです。

虐待発見のポイント

図3－6に「虐待発見のポイント」をまとめました。虐待対応の運営上のポイントは**図3－7**です。それぞれの職場で虐待を発見したり、疑わしい人を通報することも徐々に改善されてきました。虐待の発見というのは、「何か変だ」と思えるある種の感覚を勉強しながら、あるいは視覚的な発見ということもあります。そういう場合に児童相談所ではなくて、たとえば保育園などでは、職員会議を招集するのは管理者の責任だと思います。子どもの生命を預かっている管理者が、虐待が疑わ

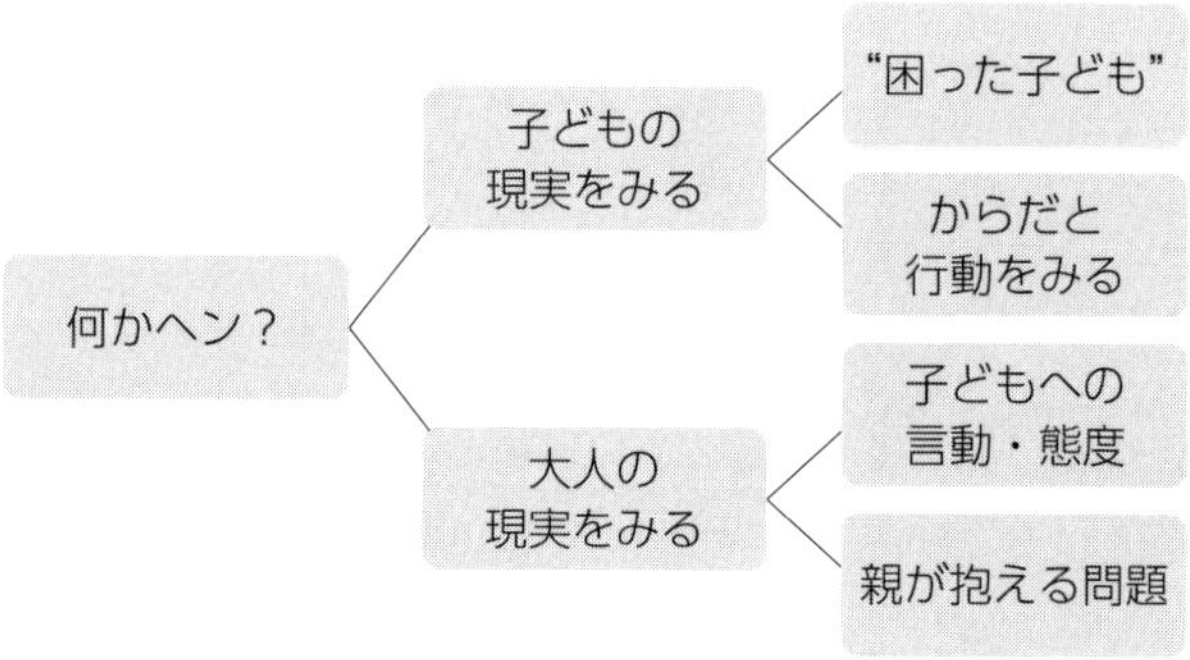

図３−６　虐待発見のポイント

出所：著者作成。

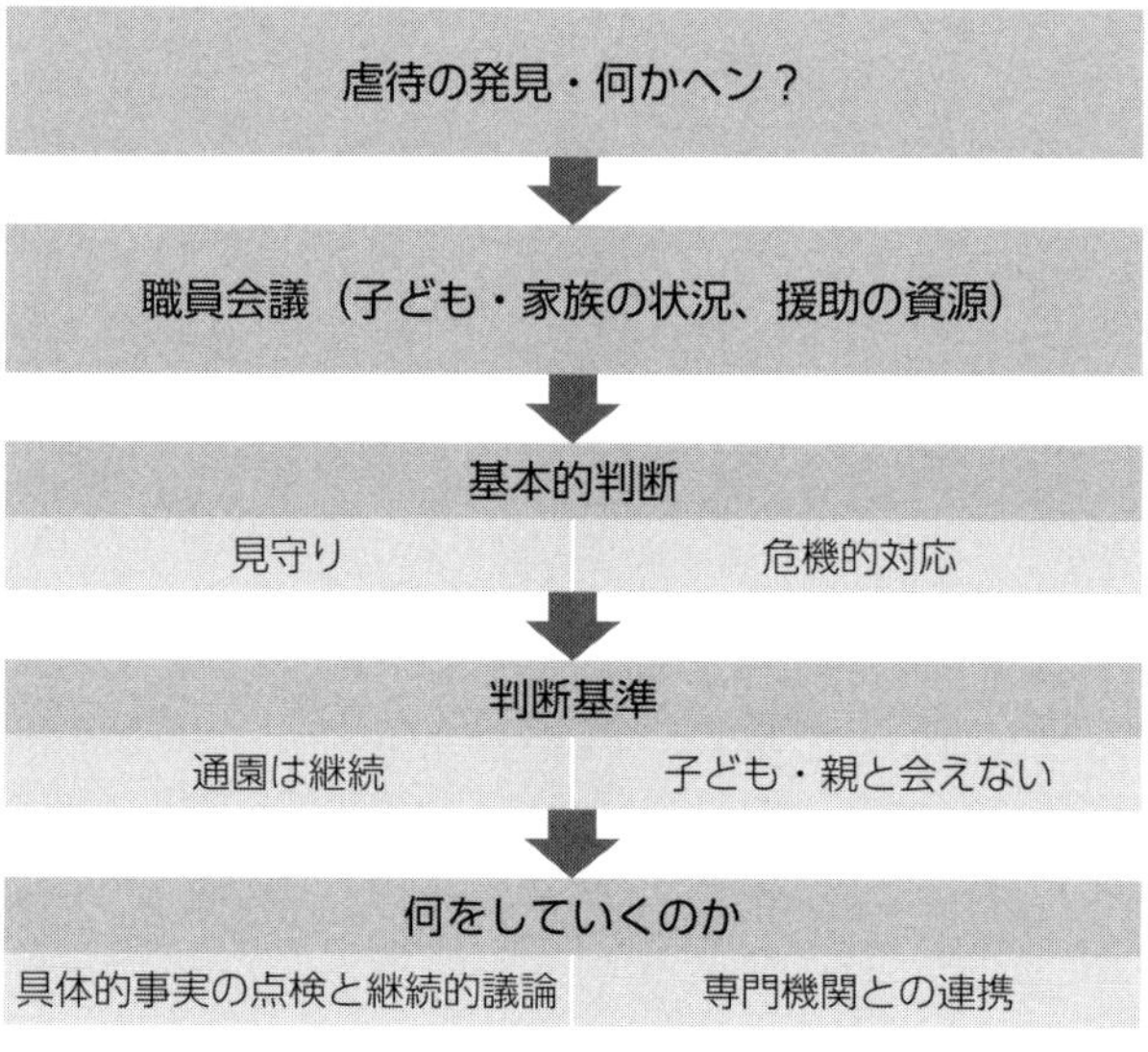

図３−７　虐待対応の運営上のポイント

出所：著者作成。

しいと思ったら、基本的に全職員を集めて会議をやるべきです。それが専門職としての最低限の生命を守る役割です。

それから子どもの状況を報告する、あるいは家族の状況を報告するための援助、支援の資源はどういうものがあるかということです。家族の中でも、母親は止めさせたいと思っているが、父親が暴力を振るっているとか、あるいは母親自体も暴力を振るわれているという状況があります。こういうときに、地域の援助の資源として、たとえば民生委員、主任児童委員がいます。こういう人たちとも情報を共有していく必要があります。

また、施設あるいは保育園、幼稚園などによっては、園長とか主任など、中心的な人だけで対応するところもありますが、基本的には全員でやるべきです。虐待がどこの部署やどこのクラスで起こるか分らないわけですから、全員で勉強しなければいけません。

基本的な判断として、「見守り」でいいのか、「危機的対応」をしなければいけないのか、明確に分けなければいけません。①命にかかわる、②かなりの障害を受ける、あるいは③ダメージを受ける、などのレベルについて明確に分けなければなりません。見守りだからといって通報しなくていいかというと、基本的に通報というのは職務上の義務です。児童相談所への通報もだんだん多くなって、職員も大変なので、自治体の窓口、たとえば児童福祉課に通報するというように指導されることもありますが、基本的には両方に通報すべきです。

児童相談所に通報するということは基本中の基本だと思います。勝手にこれは自治体の方でいいのではないかとセレクトし、保育課とか児童福祉課にのみ連絡するのは適切ではありません。

判断基準として危機的な状況というのは、保育園には通常どおり通園していても、たとえば家庭訪問で、子ども、親と会えないというのはかなり危ない状況です。そうしたときに何をすればいいのか、一つは専門機関との連携です。保育園で見守りをつづけるとしても、まず通告です、その上で、具体的な取り組みを継続するということを園として確認しなければなりません。

4　虐待を受けた子への支援

暴力・性的虐待を受けた子どもへの対応

暴力・性的虐待を受けた子どもへどう対応すればいいでしょうか。**図3－8**のように、子どもの訴えというのは「51％の勇気」をもった行動です。とくに性的虐待の場合には言おうか言うまいか、迷っているなかでの決意と行動です。子どもが訴えてきたときに、たとえば「え、そんなことあるはずないでしょ!?」というふうに言われたら、これはもうおとなには何も言ってはいけないのだと考えてしまいます。その後、また虐待が継続することになります。この「51％の勇気」に応えるということが必要なことです。そうした言語的な訴えやサインを見過ごさないことが私たちに求められているのです。

訴えやサインを見過ごしてしまうと、やはり私のことは受け止めてもらえないと感じてしまって、元の性的虐待の関係でいるしかないとあきらめてしまうこともあります。それを専門用語でいえば、「性的虐待順応症候群」に陥ってしまうことになります。「性的虐待順応症候群（Sexual abuse

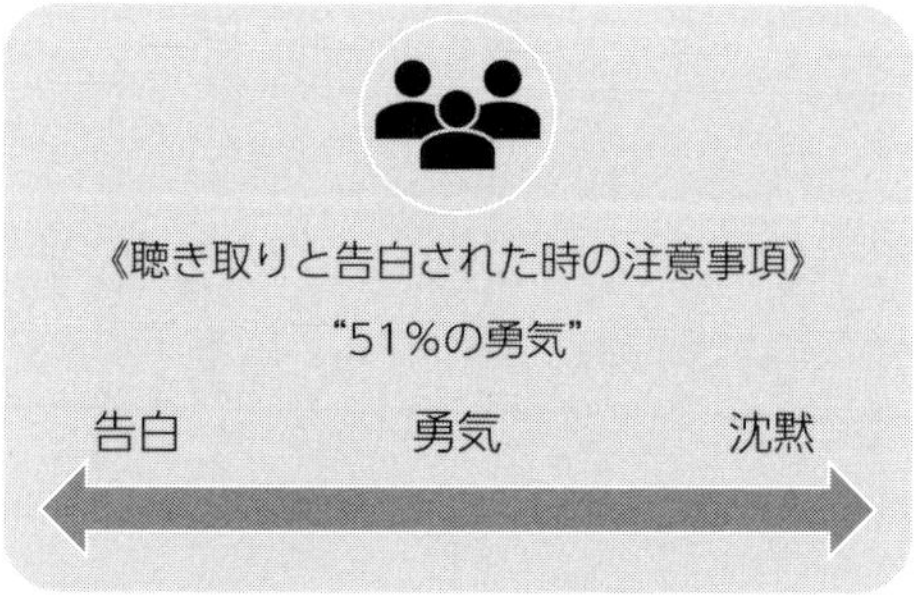

図3－8　子どもの訴え

出所：著者作成。

accommodation syndrome)」とは、性的虐待を受けた子どもは、罪悪感、加害者や家族、さらに自分自身の今後に対する不安から、口を閉ざしたり、証言を撤回したり、健忘・解離したり、被害の時間や場所の記憶が曖昧になったりすることがあることをいいます[*6]。

家族関係のいびつさ

家族関係のいびつさということについても、**図3－9**の右側の方に「娘がスケープゴート」とあります。母親がセックスのパートナーとしての機能を果たせない場合に、娘をその代償として〝差し出す〟ということがあります。被害を受けた子どもは、加害者よりも母親に対する怒りがマグマのように溜まります。

私が関わった例で、親戚の叔父さんに、14歳から17歳の少女時代にホテルに連れて行かれて、強制性交等の被害を受けた方がおられました。その時期には、自らがされたことの意味がわかりませんでしたが、私の本を読んで相談に来てくれました。仲間たちと相談をしながら裁判の準備を進めましたが、この女性は物が

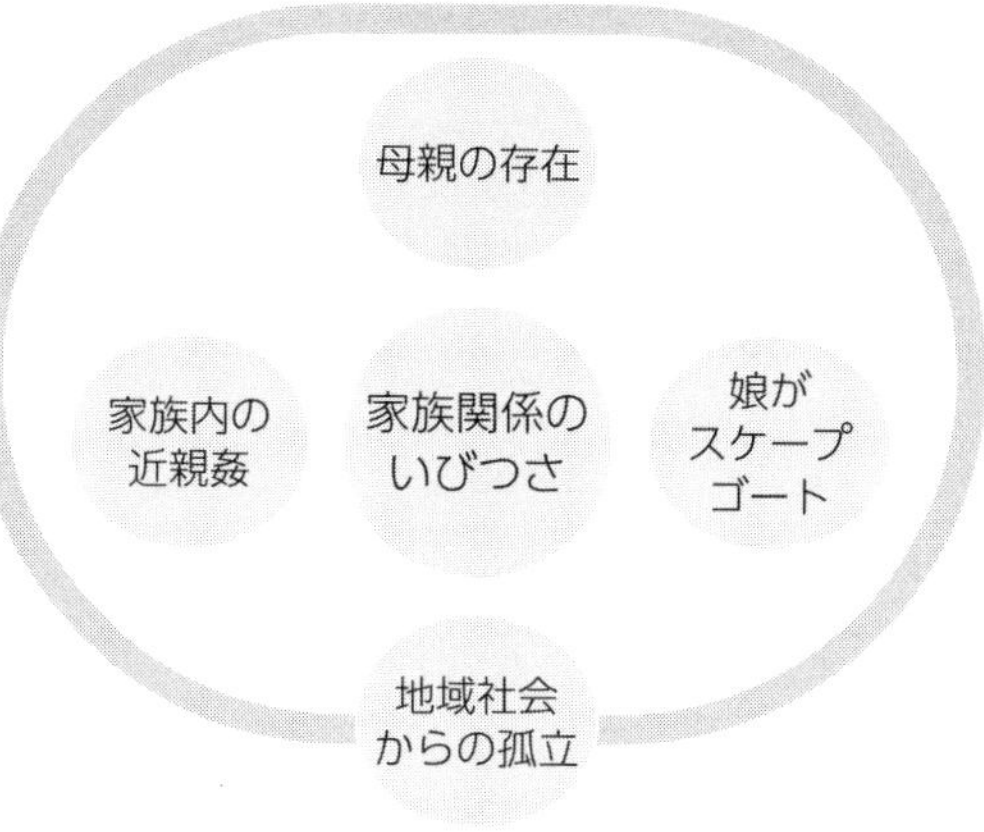

図３－９　家族関係のいびつさ

出所：著者作成。

表3－7　対話のあり方

現場で問われるコミュニケーションとは
—対話の基本的運びとは交互に話すこと—
1)　相手の主張や判断基準を受け止めようとする態度・姿勢・考え方の大切さ
2)　明確な意思表示が大切
3)　日ごろからのコミュニケーションを円滑にしておくことが大事
4)　聞き上手になるということ

出所：著者作成。

食べられない状態でした。栄養を取るのは、コーヒーにミルクと砂糖をいっぱい入れて飲むだけでした。心理の先生や心療内科の専門家と相談しながら裁判の準備をすすめましたが、この人は亡くなってしまいました。こういうぎりぎりのところで生きている人たちが多いのです。「サバイバー」（苦難を乗り越えて生きている勇気ある人たち）という言葉でいうのは簡単ですが、本当に生きるためのギリギリの闘いをしている人たちがいます。

「母親の存在」とはなんでしょうか。性的虐待が発生している家族のなかで、母親の位置づけについて「無言の参与者」「不可解な人物」「黙認者」という特徴を指摘する言葉があります。つまり、母親だったら子どもを守るでしょうと普通は思いますが、実はそうではないのです。娘をスケープゴート（身代わり）にする現実があります。虐待そして性的虐待は、なおさら発生する家庭というのは極めて力関係と人間関係そのものが非常にいびつです。この点を見落とさないようにしなければなりません。

家族支援と対話のちから

表3－7にまとめたように、対話というのは、まずは交互に話すことが基本的な姿勢です。専門

家とか大学の教員は結構喋ります。確かにいろんな知識を持っているのは事実ですが、対話は交互に話さなければいけません。たとえば保育園の子どもを叱るとき、一方的に叱ることは簡単ですが、子どもには子どもなりの言い分があります。それを聞き取りながらやりとりすることが大事です。

5　児童相談所のあり方

2016年児童福祉法改正をめぐる評価

２０１６年児童福祉法の改正で第３条の２に「国及び地方公共団体は……児童が家庭における養育環境と同様の養育環境において継続的に養育されるよう、児童を家庭及び当該養育環境において養育することが適当でない場合にあつては児童ができる限り良好な家庭的環境において養育されるよう、必要な措置を講じなければならない」と規定されました。

ここでは国と自治体の役割について、主に社会的養護に関わる内容についての改正が行われました。では「家庭的環境」とは何でしょうか。家庭ではなくて、「家庭的」環境なのです。これだけ家庭の実態と家族関係が多様な状況のなかで、何をもって「家庭的」と規定するのか。なぜこういう曖昧な言葉を使うのか。もちろん国連「子どもの代替的養育に関するガイドライン」（国連総会第65回全体会議、２００９年12月18日採択決議）がありますが、この言葉は本当に共有できる理念と基本原則であるのかは疑問です。子どもの権利保障の具体的な中身を書くのであればわかりますが、児童福祉法の改正内容が社会的養護の2つの柱のなかで、里親制度を重視するような文言を法律上明記することはとうてい受け入れがたいことです。塩崎恭久さんが厚生労働省大臣のときに、この条文を、施設養護から里親制度に重点をシフトしようとするうえで法律的な根拠にしました。

東京の例をあげます。東京都の児童相談所の事業概要から児童虐待相談の社会的養護への委託率をみますと、2016年度は全体の委託児童数は415人で、被虐待相談は約1万3000人です。そのうち実際に委託したというのが里親14人、児童養護施設402人の子どもが委託をされるという状況になっています。したがって委託率は3・2%です。2017年度はさらに下がって委託率は3・05%です。里親16人、児童養護施設に417人です。里親を急に増やしたとしても2桁の状況が大きく変わらない状況です。

こういう社会的養護の委託率の実際に即してみても、そんな短期間で里親制度に移行するような状況にはないのです。これは本当に報告書作成に協力した人は無責任のそしりを免れないと思います。大臣に言われたからといってこの程度の報告書しか出せないというのは研究者としての怠慢と忖度の姿勢が見え隠れしていると考えます。忖度とは、〝先回りした服従〟です。自分たちでちゃんと研究して提案するのだったらいいのですが、行政や政治家から「こういうことで方針を出したい」ということで参加を要請され、その要請の内容に応じて報告書の骨格は事務方が作るわけです。これでは研究者の意味がありません。この時代の研究者のあり方が問われています。

表３－８　「児童福祉法」改正のポイント

第１　児童福祉法の一部改正【平成 31 年 4 月 1 日施行】

児童福祉司の配置数の標準（現在は児童福祉法施行令）について、赤字部分の改正をし、法律で規定することとする。

児童福祉司の配置数の標準＝①＋②＋③以上（保護を要する児童の数、交通事情等を考慮）

①　各児童相談所の管轄区域の人口３万人に１人以上を配置することを基本とする。

②　全国平均より虐待相談対応の発生率が高い場合には、業務量（虐待相談対応件数）に応じて上乗せを行う。

③　①・②に加えて各児童相談所に１人を配置する。

①　各児童相談所の管轄区域の人口÷３万人　　※現行の施行令では「4 万人」
②　（各児童相談所の虐待相談対応件数－各児童相談所の管轄区域の人口×全国の虐待相談対応件数÷全国の人口）÷全国の児童福祉司の平均的な虐待相談対応件数（政令）
③　１人　　※現行の施行令にはない　　※現行の施行令では「40」

注：赤字部分は下線とした。

出所：「児童福祉法及び児童虐待の防止等に関する法律の一部を改正する法律案・概要」http://www.shugiin.go.jp/internet/itdb_annai.nsf/html/statics/housei/pdf/196hou41siryou.pdf/$File/196hou41siryou.pdf（2020 年 8 月 18 日閲覧）より著者作成。

児童福祉法の一部改正（2019年4月1日施行）

表３－８は「児童福祉法」の２０１９年４月１日の改正のポイントです。各児童相談所の管轄区域の人口３万人に１人以上の児童福祉司等の配置を基本とするということです。少しずつ前進はしているわけですが、現実にはこの法律改正もどこまで人材を養成するかということとセットでないと、なかなかこれは機能しません。

児童相談所の仕事は、日常的に子どもを相手にして、それなりに言うことをきいてくれますが、もちろん反抗もします。そこに大人の親たちとも対応するので至難の技です。当然、自分のことを守ろうとする加害者側の状況もあります。したがって、児童相談所での仕事でメンタルを病んでいる人たちがかなり多く出ている現実があります。学校の教員もそうです。そういう実態を分かっているはずなのに、この程度の改善しかしようとしていません。

表３−９　児童虐待防止対策の強化

１．児童の権利擁護
①親権者は、児童のしつけに際して体罰を加えてはならないこととする。児童福祉施設の長等についても同様とする。
②民法上の懲戒権の在り方について、施行後２年を目途に検討を加え、必要な措置を講ずるものとする。
２．児童相談所の体制強化及び関係機関間の連携強化等
⑴児童相談所の体制強化等　①都道府県は、一時保護等の介入的対応を行う職員と保護者支援を行う職員を分ける等の措置を講ずるものとする。
⑵児童相談所の設置促進　①児童相談所の管轄区域は、人口その他の社会的条件について政令で定める基準を参酌して都道府県が定めるものとする。②政府は、施行後５年間を目途に、中核市及び特別区が児童相談所を設置できるよう、施設整備、人材確保・育成の支援等の措置を講ずるものとする。その支援を講ずるに当たっては、関係地方公共団体その他の関係団体との連携を図るものとする。

出所：「児童福祉法」より著者作成。

児童虐待防止対策の強化を図るための児童福祉法等の一部を改正する法律

表３−９の「２・児童相談所の体制強化及び関係機関間の連携強化等」で、「（１）児童相談所の体制強化等①都道府県は、一時保護等の介入的対応を行う職員と保護者支援を行う職員を分ける等の措置を講ずるものとする」とされました。

児童相談所における介入と支援機能の分離

表３−10のように、児童虐待防止対策の抜本的強化について（２０１９年３月19日児童虐待防止対策に関する関係閣僚会議）で、児童相談所における介入と支援機能の分離という議論が出されています。これをどうするか重要な問題です。率直にいって分けたら機能するという保証はありません。介入については2倍くらいの職員と研修を積んだ人を投入するのだという条件でも明確にあればまだしもです。

表3－10　児童相談所における介入と支援の分離

・3　児童虐待発生時の迅速・的確な対応　(1)児童相談所の体制強化　①介入的な対応等を的確に行うことができるようにするための体制整備
・一時保護等の介入的対応を行う職員と支援を行う職員を分けるなどの児童相談所における機能分化を行う。
※児童相談所における支援の中身とは何か
・このため、児童相談所において、機能に応じて部署や職員を分けることのほか、専門人材の確保及び育成に関する方策など、体制整備を推進することについて、国において、その取組内容を示すとともに、都道府県等において、体制整備に関する計画策定を進める。

注1：下線は著者による。
注2：※は著者の注記。
出所：「児童虐待防止対策に関する関係閣僚会議」2019年3月19日資料より著者作成。

表3－11　児童相談所における介入機能と支援機能の分離状況

①同一の地区担当が緊急介入からその後の支援まで継続して対応している　＝64％
②緊急介入とその後の支援で担当を分けている　＝21％
③事例によっては、緊急介入とその後の支援で担当を分けている　＝15％
※介入機能と支援機能の分化は、擁護問題（児童虐待）に特化した提起。相談種別は、①養護相談、②保健相談、③障害相談、④非行相談、⑤育成相談。
介入と支援の分化、すなわち「児童相談所」とこれまでの「子ども家庭支援部局」との間で、どういうデザインを描くのか
擁護問題（①、④）に集中した専門相談機関とする方向を検討できないか。一時保護所も同様の機能を果たすことに集中できる。

注：※以降は著者の注記。
出所：注7参照。

現状の条件のまま分化してもうまくいかないでしょう。よい条件の中で仕事をするという体制を整えないと、機能分化してもそう簡単には機能しないのではないでしょうか。

「児童相談所における介入機能と支援機能の分離状況」（2015年4月1日、208か所）*7という厚労省の調査では、**表3－11**のように、①同一の地区担当が緊急介入からその後の支援まで継続して対応している＝64％、②緊急介入とその後の支援で担当を分けている＝21％、③事例によっては、緊急介入とその後の支援で担当を分けている＝15％となっています。これが現状です。したがって児童相談所の児童福祉司の役割を介入機能と支援機能という担当を分ける、という提案は現実的に展望があるのか検討しなければいけません。

児童相談所の大きさと、経験を持った職員の割合、あるいは児童相談所が活用できる社会的資源を総合的に考える必要があります。児童相談所の職員になった時に、介入だけに専門で突っ込んで毎日毎日やる、ということは変なことです。東京で児童相談所の中に「児童虐待専門部署」をつくりました。経験ある人たちはそういう部署を長く担当しています。そういう人たちでさえ、たとえば児童心理司やそのほかの職種の人たちと協力しながら取り組んでいます。介入をしてそこで取りあえず一段落したとしても、今度は引き継ぎが必要です。当然、相当量の引き継ぎがあります。こう考えると、分離が可能なのか疑問です。

児童相談所が関わる仕事で、虐待は最初のところで相当な労力を使います。したがって、そこはチームで、とくに児童福祉司と児童心理司との2対1、あるいは2対2でもいいような状況です。こういう態勢をどうつくっていくか、そのための体制整備、条件整備がまず優先されるべきです。それをやった上で、なおかつ分けた方がいい、ということであれば考えるべきです。現状で21％が分離しているので、その状況を確認すべきです。現状と対応のなかで、児童相談所の運営体制をどう考えるか、真摯に議論する必要があります。

児童相談所は地域の総合的な子どもの問題について相談する場所です。出先機関、現業機関です。

とくに、今、児童相談所への相談が多くなっているのは、やはり社会的養護、虐待という問題が養護相談として多くなっているからです。そういうなかで、どのように考えたらよいか、私の提案は、児童相談所は基本的には社会的養護問題に特化して、とくに虐待問題に対応する機能を果たしていくことに力点を置いて再編成していく方向です。そのくらい大きな改革をしないで児童相談所の状況が今のように徐々に変わっていくということでは真尺に合わないのではないでしょうか。

「障害相談」や「しつけ相談」など、いろんな相談の分類がありますが、それらは児童相談所を通さなくても、地域のネットワークの身近なところで、教育相談に対応する専門機関をつくっていくことが必要です。そういう専門機関が児童相談所をバックアップし、連携していくことが大切です。したがって、児童相談所が養護相談と非行相談に特化することは可能ではないかと考えています。

一時保護所の現状

「一時保護所」は、世界の社会的養護システムのなかでは同様のシステムは少ないのが実際です。日本では、2か月を上限と規定しながら、児童養護施設等が受け入れてくれない子どもについては1年を超えて一時保護所に在籍する子どもがいます。福祉行政報告例（2015年度）によれば、平均在所日数は29・6日となっています。この12年間（2000年では20・4日）でみると、1・5倍に増えています。

児童相談所運営指針では、「一時保護の期間は2か月を超えてはならない」と規定しながら、「ただし、児童相談所長又は都道府県知事等は、必要があると認めるときは、引き続き一時保護を行うことができる」という規定を設けることで、事実上は長期化を容認しています。この「ただし規定」を削除することを基本方針に、一時保護所の体制整備を早急かつ確実に具体化する必要があります。

国連子どもの権利委員会による「日本政府第4・5回統合報告書に関する最終所見」（2019年3月5日に日本政府に提出）のパラグラフ29（c）では「児童相談所における一時的な監護の慣行を廃止する」という勧告が行われています。[*8]

こういう状況などを踏まえて、一時保護所はなくてもいいのではないか、という意見さえあります。

しかし、一時保護所は少なくとも中期的には必要と考えます。ただ、被虐待児や障がい児、非行問題や養護問題を抱えた子どもが一緒に生活する、いわゆる「混合処遇」の現実は課題です。虐待と非行という問題を抱えた子どもが一緒にいるメリットはありません。

一時保護所は、基本的に午前中は勉強時間で、午後は自由時間・レクリエーションです。こういう生活の枠組みで、それまでも教育権を剥奪されている状況に近い子どもが、1か月から3か月過ごすことになります。ケースによっては、1年を超えて在籍する子どももいます。この一時保護所の現状は変えなくてはなりません。学校と連携して教員を派遣するなど、行政の判断で検討すべき課題はあります。教育権はどんな状況においても、どの子どもにも確実に保障されるのが人権保障の基本的あり方です。

児童相談所の現状

表3－12のように、①は介入と支援機能の役割分担の問題、②は「児童相談所」とこれまでの「子ども家庭支援部局」との間で、どういう役割分担と協力のデザインを描くかということです。通報も、まず後者に通報することになっていますが、もっと緻密に打ち合わせておく必要がありそうです。今、政府から出されていて、警察の職員が立ち上げているＮＰＯ法人などが受け皿になる案がありますが、警察が全権を掌握するのはよいことでしょうか。むしろ検挙率５割を切っている警察機能をちゃんとやってほしいものです。

現状の法制度のもとでも児童相談所業務と警察が協働的な連携はできますし、現場ではされている現状があります。

表３－12　介入と支援、相談所と支援部局の役割分担

①児童相談所における介入機能と支援機能
②「児童相談所」とこれまでの「子ども家庭支援部局」との間で、どういう役割分担と協力のデザインを描くのか
③児童相談所の基本機能を何に求めるのか　介入、相談、判定、措置、支援・援助（一時保護）
④児童相談所と一時保護所、児童福祉施設との連携のあり方

出所：著者作成。

中核市・特別区での児童相談所設置問題

現在、中核市や特別区で、児童相談所設置問題についていろんな議論があります。一言でいえば、区ごとに設置するというのが方針です。しかし、各区によって児童相談所の運営のあり方が相当違うことになります。こうした状況のもとでどうまとめていくのかについても工夫が必要です。23区の自治体では児童相談所を設置しない特別区があるなど、前例のない課題が出

てきています。そういう意味では、新たなモデルが問われているといえます。

6　国のカタチを変える政策動向

国は2000年に3252あった自治体を、19年では1741にまで減らしました。[*9] これは国の形を変えるという方向をめざした自治体と国の再編成の過程であり、中間的な結果です。総務省（旧・自治省）の案は500の基礎自治体への再編成です。道州制も視野にあるといえます。この方針は変わっていません。つまり外交とか防衛、軍事については国がやり、福祉および教育などの生活に関わるところは基礎自治体でやっていくと、それも500くらいの自治体に運営してもらうということです。

児童相談所をもっと増やさなくてはならないという課題が俎上にのぼっています。これを各自治体で実行するとすれば福祉施設、障害者施設、社会的養護の施設、児童心理治療施設など、どこまで確保できるのでしょう。そこには、当然、広域行政のあり方という議論がでてきます。

要は、社会保障・社会福祉について、国は基本的にはあまり関与することがなくなっていきます。最低基準などというものは、各自治体の状況に応じてつくるという方向でやりなさいというスタンスです。規模は違いますが、アメリカは外交とか軍事の問題は連邦政府の大統領の下で扱い、具体的な生活については州とか郡の管轄になります。そういう方向に日本も変えていこうとする大きな流れの中で、この児童相談所の再編改革の問題、あるいは社会的養育ビジョンの問題を考えなくてはならない状況があります。

注

1　浅井春夫・黒田邦夫編著『〈施設養護か里親制度か〉の対立軸を超えて―「新しい社会的養育ビジョン」とこれからの社会的養護を展望する―』明石書店、２０１８年。
2　資生堂社会福祉事業財団『２０１８年度　第44回資生堂児童福祉海外研修報告書―イギリス児童福祉レポート―』２０１９年。
3　丸山浩一「児童虐待相談のケース分析等に関する調査研究」「虐待に対する子どもの認識」https://www8.cao.go.jp/youth/suisin/pdf/soudan/06/s9-2.pdf、２０２０年８月18日閲覧。
4　浅井春夫『「子どもの貧困」解決への道―実践と政策からのアプローチ―』自治体研究社、２０１７年。
5　浅井春夫・所貞之編著『子ども家庭支援論―家族の多様性とジェンダーの理解―』建帛社、２０１９年。
6　北山秋雄「子どもの虐待をめぐって」『小児保健研究』63号、２００４年、１１２～１１４頁。
7　「児童相談所における介入機能と支援機能の分離状況」https://www.mhlw.go.jp/file/05-Shingikai-12601000-Seisakutoukatsukan-Sanjikanshitsu_Shakaihoshoutantou/0000099506.pdf、２０２０年４月８日閲覧。
8　「児童相談所における一時的な監護の慣行を廃止する」https://www.nichibenren.or.jp/library/ja/kokusai/humanrights_library/treaty/data/soukatsu_ja.pdf、２０２０年４月10日閲覧。
9　都道府県データランキング、https://uub.jp/pdr/j/n.html#1、２０２０年４月８日閲覧。

第4章　戦後の児童養護問題と実践の課題をとらえる

——歴史から学び、現在の課題に立ち向かう

1　戦後の再出発の歴史から

児童養護施設は子どもの人権を守る社会のインフラ（産業や社会生活の基盤となる施設）であり、養護ニーズを抱えた子どもとその家族にとっては最後のセーフティネットとしての役割を持っています。そうした意義を担いながら児童養護施設を核とした社会的養護システムをめぐる論議は、国の社会的養護政策、政治家や研究者から翻弄されてきました。

社会の変化と政策動向などのさまざまな荒波に抗いながら〝子どもたちのために〟という信念を持ち続けるには、何が必要かを整理してみたいと思います。まず戦後の児童養護の歴史を素描するなかで、学ぶべきことは何かを考えます。

アジア・太平洋戦争の事実は、兵士・民間人をあわせて310万人の死者（国民全体の約4％）

を数え、さらに戦争孤児・浮浪児を生み、傷痍軍人という障がい者をつくり、寡婦《かふ》が社会に放り出されました。戦争こそ最も非福祉的行為です。こうした人たちの施設として、養護施設（現在、児童養護施設）、障がい者施設、母子寮（現在、母子生活支援施設）がつくられました。

１９４２（昭和17）年当時の児童養護施設は、全国で１１７施設（入所児童９７００人）でしたが、終戦時に残った養護施設は86施設（同５６００人）となっていました。*1 児童養護施設の再出発は、まさに〝戦争の後始末〟として巷にあふれる戦争孤児の応急的救済策の役割が求められたのです。その具体的な内容は、混乱した戦後の日本社会のなかで浮浪児となった子どもたちの取り締まり・囲い込み政策としての役割を果たしてきた側面が大きいのです。ＧＨＱ（連合国最高司令官総司令部）と日本政府の貧弱な応急対策の下で、忘れてならないことは、敗戦直後の戦争孤児たちの惨状を見かねて多くの児童養護施設が設立され、模索のなかで養護実践が繰り広げられたことです。まさに人間の良心が、この時代の局面で花開いている事実を記憶として共有したいと思います。*2

2　児童養護の戦後史

表４‐１「戦後の児童養護問題の変化」を参考にしながら、児童養護の戦後史について素描します。

敗戦直後の混乱期と戦争孤児問題

敗戦直後はいわば絶対的な貧困の時代であり、戦争で親を失った戦争孤児・引き揚げ孤児などが都市部に引き寄せられ、住む家もない子どもたちは必然的に〝浮浪児〟（ホームレス）となっていました。政府は１９４５（昭和20）年9月20日に「戦災孤児等保護対策要綱」を決定し、翌46年9月19日には厚生次官通達「主要地方浮浪児等保護要綱」を出しています。上野駅などでは一斉発見を行い、児童収容保護所や養護施設などに保護する、いわゆる「狩り込み」（元々は動物を生け捕りにする手法の名称）が行われました。しかし施設の生活は食べ物も乏しい状況で、子どもたちは強制収容されても、すぐに施設から「逃亡」するといった〝イタチごっこ〟が繰り返されたのです。厚生省（当時）の統計によると、１９４７（昭和22）年4月〜48年1月までの期間に延べ数で1万２２２０人の浮浪児が収容保護されましたが、そのうち以前にどこかの施設に収容保護されたことのある者は、同じく延べ数で４９４６人となっています。これは全体の40％に当たる数字です。[*3] こうした実際は、浮浪児の治安対策としての強制的収容政策の結果でもありました。

１９４７年の厚生省児童局の「要保護児童数調査」では、孤児1万２７００人、浮浪児５４８５人、要教護少年3万３００人、「精神薄弱児」6万６２００人で、総計11万５０００人となっています。１９４８年2月の厚生省の「全国孤児調査」では、総数12万３５１１人を数えています。そのなかで、実際に当時「施設収容」されたのは、その10分の1程度であり、必然的に浮浪児化することになっていたのです。戦争は不幸と悲劇以外何も生み出さないのです。

（単位：％）

1997 年	2002 年	2005 年	2008 年	2013 年
3.5	3.0	2.8	2.4	2.2
14.9	10.9	10.3	6.9	4.3
8.5	6.5	6.4	4.1	2.9
0.9	0.8	1.2	0.5	0.4
4.3	4.8	4.4	5.1	4.9
9.2	7.0	6.4	5.8	4.3
14.2	11.6	10.5	9.7	5.8
5.7	11.1	10.5	14.4	18.1
7.2	8.6	11.5	13.8	14.7
7.5	8.1	8.5	10.7	12.3
—	—	—	—	—
4.0	3.8	5.2	4.4	4.8
1.1	0.9	1.0	0.8	0.8
—	—	0.1	—	—
—	—	0.0	—	—
—	—	—	—	—
—	—	—	—	—
4.8	8.1	7.4	7.6	5.9
5.4	3.7	3.1	3.3	3.8
6.6	7.8	9.8	10.5	15.0

ホスピタリズム論争から60年代の児童養護問題

児童養護界では１９５０年代は「ホスピタリズム論争」の10年でした。ホスピタリズム（Hospital-ism）とは、主に乳幼児期に、中長期に渡って親から分離され施設に入所した場合に、子どもたちに現われる情緒的、知的な障害や身体的な発達の遅れなどを総称して「施設病」「施設症」とも訳されてきました。しかし「ホスピタリズム」とは子どもの「発達障害」の施設における発見であって、施設児固有の症状や構造的必然的な発達障害ではありませんでした。

戦後はじめて実施された「養護施設等実態調査」（１９５２年）によると、多い順で、入所理由の第１が「貧困」で27・９％、「親の死亡」23・０％、「棄児」11・５％、「その他（不詳・特になし）」17・８％という実態でした。戦後直後の強制的な施設収容と管理的養護の時期から脱出し、施設児童の課題に着目することで、施設養護のあり方を研究し、模索した時期でもありました。

しかし、厚生省はホスピタリズム論に依拠した「家庭的処遇」論の立場から「小集団を主とする小舎制の

表4－1　戦後の児童養護問題の変化

	1952年	1961年	1970年	1977年	1982年	1987年	1992年
親の死亡	23.0	21.5	13.1	10.9	9.6	7.5	4.7
親の行方不明	7.1	18.0	27.5	28.7	28.4	26.3	18.5
親の離婚	4.0	17.4	14.8	19.6	21.0	20.1	13.0
棄児	11.5	5.0	1.6	1.3	1.0	1.3	1.0
父・母の長期拘束	3.4	4.3	3.0	3.7	3.8	4.7	4.1
父・母の長期入院	5.3	16.2	15.7	12.9	12.8	11.5	11.3
父ともに母の就労	—	3.3	1.8	1.0	0.7	1.1	11.1
虐待・酷使	—	0.4	2.5	2.4	2.4	2.9	3.5
放任・怠惰	—	5.7	4.7	4.5	5.6	6.3	7.2
親の精神疾患等	—	—	5.6	5.1	5.5	5.2	5.6
貧困	27.9	—	—	—	—	—	—
養育拒否	—	—	—	—	—	—	4.2
両親の不和	—	—	—	1.8	2.0	1.5	1.6
家族の疾病の付添	—	—	—	—	—	—	—
次子出産	—	—	—	—	—	—	—
季節的就労	—	—	—	—	—	0.4	—
両親未婚	—	—	—	—	—	—	—
破産等の経済的理由	—	—	—	—	—	—	3.5
児童等の問題による監護困難	—	—	—	—	—	—	—
その他（不詳・特になし）	17.8	8.1	9.8	8.1	7.3	11.3	4.5

出所：厚生労働省「児童養護施設入所児童等調査」各年より著者作成。

方が、家庭的環境を与える点において寄宿舎制にまさる効果をもっているものと思われる」とし、「今後の動向として養護施設の運営形態は、小舎制のほうに漸次《ぜんじ》移行すべきではなかろうか」[*4]と、理論上は「家庭的処遇」論を採用したのです。ホスピタリズム論争は『社会事業』[*5]誌を中心に華々しく論議されました。

　ホスピタリズム論争は、敗戦直後の状況を脱した1950年代の10年間に、現場の養護施設園長らが施設の子どもには「ホスピタリズム」があることを問題提起したことに端を発して、現場の職員や研究者がそれぞれの視点で論争が繰り広げられました。ホスピタリズムは「施設病」

「施設症」などと訳されることで、施設で育った子どもたちに起こりやすい心身発達の遅れや人格上の問題があることが指摘され強調される議論が展開されました。同時に、50年代の後半からは、施設児童の固有の症状ではなく、複眼的な捉え方と分析の必要性が問われるようになりました。

本来的には、養護施設に入居している子どもの現実から出発して、児童養護実践と施設運営のあり方、社会的養護の体系の整備などについて、展望を示すことが求められていたのですが、結果的にはホスピタリズム論争は大きな実りがなく、終わったと言わざるをえないのが実際です。政策的に具体化されることなく、現場の運営や実践にはさほど大きな影響を与えることはありませんでした。理論と政策との乖離という現実を、個々の施設内実践で埋めることができなかったのです。

高度経済成長期に入った1962年の「養護施設等実態調査」では、「貧困」の項目が削除されてしまうなかで、「親の死亡」は21・5%と、入居児童における戦争孤児が多くを占める実態は残されていますが、「親の行方不明」18・0%、「親の離婚」17・4%、「親の長期入院」16・2%など、社会の生活スタイルが農民型生活（職住一致）から労働者型生活（職住分離）スタイルへの変容と核家族化の進行過程で現代的な養護問題が発生していることが反映された数字となっています。そうした生活様式の変化は、地域でのいわゆる「非行」問題や「学校長欠児」を増加させることにもなっているのです。

貧困の拡大と70年代の児童養護問題

政府はそれまで目標としていた西欧型福祉国家モデルを放棄し、１９７０年代初頭から「福祉見直し論」が台頭してきます。わが国の社会保障・社会福祉が不十分であっても、国民生活の危機が見えにくかったのは、いわばセーフティネットの3層構造が曲がりなりにもあったからです。つまり、①家族・親族・地域などによる相互扶助のしくみ、②企業の福利厚生事業、この2層が機能したうえで、③公的社会保障・社会福祉制度の3層が位置づいていましたが、①と②が衰退していくのが70年代以降の状況です。とくに②は終身雇用制度の崩壊がすすむなかで、企業による福利厚生が蔑ろにされてきました。本来であれば、③の社会保障・社会福祉制度が機能すべきですが、公的責任の縮小化が強引にすすめられてきた現実があります。

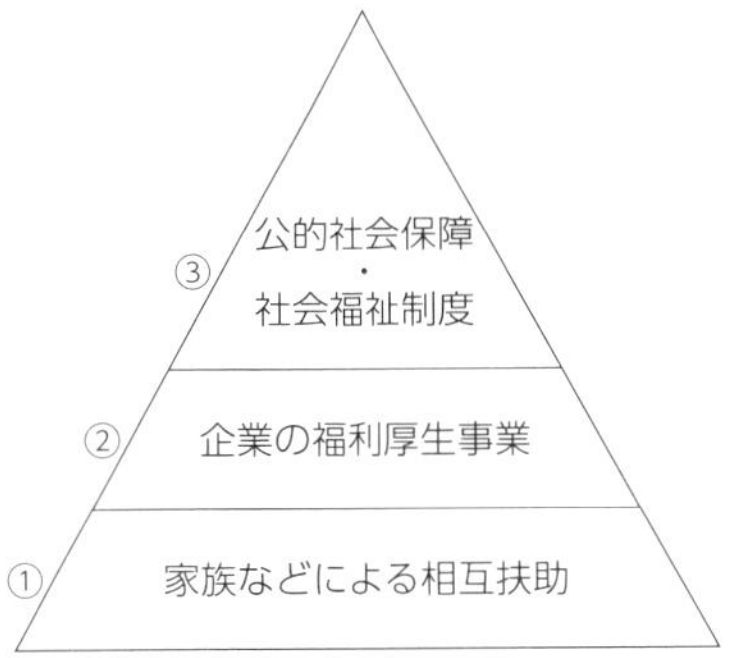

図４－１　暮らしのセーフティーネットの３層構造

出所　著者作成。

生活保護世帯数は、60年代の60万世帯台から80年代前半には80万世帯に近くなっていきます。70年の「養護施設等実態調査」では、入居児童の保護者のうち約25%が生活保護受給者でした。70年代後半は高度経済成長政策が終焉し、リストラや中小企業の倒産が相次ぐなかで、77年の同実態調査では、入所児童の保護者の年間所得は、「90万円未満」が41%を占めており、父親の就労状況の多くが不就労（21%）および不安定就労の実態（日雇い20%、単純労働33

%）でした。母親の62％は不就労でした。労働からの排除が養護問題のすそ野を広げ、貧困問題を拡大している実態が露わになってきたのです。社会福祉政策の基本方向の下にあるのが児童養護政策です。児童養護の現場こそ社会福祉政策全体を視野において運営と実践を論じることが問われていたのです。

構造改革と80年代から90年代の児童養護問題

１９８０年代から90年代にかけて、福祉の見直しから社会福祉基礎構造改革へと政策の展開がされるなかで、児童養護問題をめぐる状況は多様な現象を示すようになってきます。親の疾病・精神疾患、離婚、拘禁、入院、未就労、虐待・放任・養育拒否、破産等の経済的理由など、今日の養育困難を生み出す問題が集約されています。経済的貧困が保護者の人間関係や子育てにまで悪影響が及び、身体的精神的な疾患へと連動している現実があります。

表４－１にみるように、児童養護施設で暮らす子どもたちの家族的背景の歴史的な変化は、①「親の死亡」に象徴される戦後処理的課題から多様な家族・養育問題への拡大、②70年代から80年代には「親の行方不明」（蒸発）といった家族の養育形態障害、虐待などの家族の養育機能障害へと比重が移行していること、③戦後の単純養護問題から70年代の複雑化・深刻化、さらに人間関係障害へと重複化しているのです。まさに貧困は子どもの生活にさまざまな現われ方をしてくるようになっています。

1995年以降のわが国の急進的な構造改革の推進の結果は、98年からの国民生活に関連する統計数値を悪化させてきました。たとえば、非正規雇用率は90年の20・0%から2019年では38・3%と変動しています。生活基盤の不安定化が国民の平均所得の低下へと連動してきたのです。

3　2000年以降の児童虐待の急増と「新しい社会的養育ビジョン」

2000年度の児童虐待件数1万7725件から、2018年度では15万9850件を数えており、18年間で9倍と急増してきました。その点では児童養護実践は被虐待児童への対応がより鋭く問われる時代となってきたのです。あわせて家庭・保護者支援のあり方が虐待問題に関してだけではなく、「子ども家庭支援」の課題として求められてきました。それは家族の養育機能が障害を抱えている状況の広がりを意味しています。その点では、施設も里親も、保護者との共同養育の実践のあり方が求められているのです。

引き続く児童虐待の増加、「子どもの貧困」・格差の拡大、労働環境の悪化、要養護問題への社会的支援の弱さ、貧困率が50%を超える母子世帯の増加（1998年、50万2000世帯から2017年では76万7000世帯）などの社会の変容は、少子化の動向のもとでも養護問題の発生率とともに実数も高くなっていくことが予想されます。そうした状況を踏まえて、2015年度には職員配置基準の改定への大きな一歩を踏み出しました。

表４－２　代替養育を受けている子どもの数の国際比較

国　名	児童人口	保護児童数	児童人口１万人当たりの保護児童数
カナダ	7,090,000	76,000	109
デンマーク	1,198,872	12,571	104
フランス	13,426,557	137,085	102
ドイツ	14,828,835	110,206	74
アメリカ	74,000,000	489,003	66
スウェーデン	1,910,967	12,161	63
イギリス	13,242,960	74,817	56
ニュージーランド	1,005,648	4,962	49
オーストラリア	4,835,714	23,695	49
日本	23,046,000	38,203	17

原注：June Thoburn (2007), "Globalisation and Child Welfare: Some Lessons from a Cross-National Study of Children in Out-of-Home Care", UAE, Norwich, p.14.

出所：「社会保障審議会児童部会社会的養育専門委員会」2018年1月31日配布資料。

もうひとつの課題をあげておくと、代替養育を受けている子どもの数の国際比較調査、**表４－２**（２００７年）で、１万人当たりの児童数でカナダ、デンマーク、フランスでは１００人を超えていますが、日本は17人できわめて低いのが現状です。国際的な比較のなかでみても要養護問題の捕捉率（施設・里親利用）の低さこそ問題であり、政策的に問われている課題です。

今日、強引に提起されてきた「新しい社会的養育ビジョン」（２０１７年８月２日発表、以下「ビジョン」）もまた現場の切実な現状と課題から出発するという基本的スタンスからは程遠いままに、政治家や研究者の意向を汲んだ上からの一方的な提起となっています。

「新しい社会的養育ビジョン」を要約して紹介しておきますと、新たな社会的養育の在り方に関する検討会（座長／国立成育医療研究センターこころの診療部部長・奥山眞紀子［当時］）が「新しい社会的養育ビジョン」という提言を２０１７年８月２日に発表しました。この検討会は当時の塩崎恭久厚生労働大臣が参集し、開催された有識者による検討会であって、正式な国の審議会ではありません。「新しい社会的養育ビジョン」（以下、「ビジョン」）はいわば私的な塩崎検討会としての色彩が強いのですが、その内容は社会的養護のしくみそのものを根底から変える方針となっており、これからの国・自治体の児童養護政策のあり方に大きな影響を与える可能性があるといえます。

「ビジョン」の内容について、「工程で示された目標年限」をあげておきますと、以下の通りです。

・特に就学前の子どもは、家庭養育原則を実現するため、原則として施設への新規措置入所を停止。このため、遅くとも平成32（2020）年度までに全国で行われるフォスタリング機関事業の整備を確実に完了する。

・愛着形成に最も重要な時期である3歳未満については概ね5年以内に、それ以外の就学前の子どもについては概ね7年以内に里親委託率75%以上を実現し、学童期以降は概ね10年以内を目途に里親委託率50%以上を実現する（平成27［2015］年度末の里親委託率［全年齢］17・5%）。

・施設での滞在期間は、原則として乳幼児は数か月以内、学童期以降は1年以内。（特別なケアが必要な学童期以降の子どもであっても3年以内を原則とする。）

・概ね5年以内に、現状の約2倍である年間1000人以上の特別養子縁組成立を目指し、その後も増加を図る。

こうした目標年限を示すことで、社会的養護の構造を「家庭養育原則」に強引に切り替えることがめざされています。

「ビジョン」の問題点の第1は、事実と現実に立脚した提言とはいえません。たとえば里親養育先進国といわれる国々の実際をみても〝フォスターケア・ドリフト〟問題（里子の頻繁な移動が里親間で行われるいわゆる〝たらい回し〟的な現実）は、さまざまな対策が採られているにもかかわらず解決していない現状があります。そうした現実を「ビジョン」においては、目を背けています。

第2に、「ビジョン」は、その強引な推進方法が大きな問題といえます。本当に「子どもの最善の利益」を求めて制度改革をすすめるのであれば拙速で強引な手法ではなく、関係団体、社会的養護利用の当事者、専門職、研究者、行政の担当者などの総力を結集して、徹底した議論を踏まえて方向を提示すべきですが、そうしたていねいな手続きはとられていません。

第3に、もうひとつの大きな問題は、わが国の施設養護の運営と実践の積み重ねの歴史を正当に評価しようという検討がほとんどなく、子どもたちにとって〝よい里親制度とわるい施設養護〟という先入観・思い込みを前提にしている点もリアリティの欠ける認識といわざるをえません。

『〈施設養護か里親制度か〉の対立軸を超えて』[*5]は、具体的な批判として「ビジョン」提案の出発点や、作成プロセスの問題、諸外国の里親制度の実態検証、わが国における施設養護と里親制度の実態比較、「ビジョン」の具体化の困難性（非現実性）などを指摘しています。今後の社会的養護のあり方を真摯に追究するうえで参考にしていただけることを願っています。

「ビジョン」は家族をめぐるイデオロギー論議の側面を持っています。「ビジョン」の本質は施設の全廃を展望していることです。そこには社会的養護の枠組みを超えて、伝統的家族の復権をめざす政治的潮流があることを見ておくべきです。〝家庭こそが唯一の健全な施設〟として位置づけています。これは古くて新しい論議です。家族の多様性は現実であるにもかかわらず、家族・家庭の性別役割・分業を骨格にした家族像に押し込め、憲法「改正」、「家庭教育支援法案」、道徳の教科化などによって、方向づけられています。子どもと家族の利益を守るためには、養護実践が政治に従属することがあってはならないのです。

4　戦後の歩みをふりかえって

現在までの社会的養護の歩みを踏まえて、私の小括を述べますと、第1に、社会的養護について国および研究者からさまざまな政策的提起がされてきましたが、それは必ずしも要養護児童の現実と課題に即した提起とはいえなかったことです。諸外国の動向や理論の受け売り的な動きであることが多く、現場が翻弄されてきたことも少なくありませんでした。そうした現実とあゆみを通して、私たちに問われるスタンスは、子どもの課題から実践のあり方を真摯に探究することです。

第2に、施設養護の運営と現場実践のレベルで、研究的実践と実践的研究が発展してきたとは言い難いのです。そのことは児童養護理論の未確立という社会的養護界の現状とも繋がっています。その時代のもっとも困難な状況の中にある、養護を必要とする児童には家族と社会状況の矛盾が集約され体現されているのです。依然として社会的養護に関する基本理論がないので、各施設単位での閉塞的な児童養護の考え方の域を超えないままに運営と実践が続いている現実も少なからずあります。

第3として、施設養護と里親制度の条件整備の課題を明確にして、専門職制度としての研修のあり方を本格的に具体化する必要があります。施設養護では、①職員配置基準のさらなる改定、②運営システムの改善、③研修制度の充実と改革がセットですすめられないと、配置基準などの量的改善が質的改善に結びつかないことにもなります。困難な現場のなかでも〝仲間に支えられている実感〟と実践の目標が確信になっていてこそ、働きやすい職場となっていきます。

あわせて、児童養護の基本的な制度として、養護実践と運営に関する全国統一的な基準・スタンダードが確立される必要があります。具体的にいえば、①施設養護の年度方針・総括の基礎項目の全国的共有化（これに各施設で追加項目による2階建ての項目づくり）、②高校・大学等の進学権保障のガイドラインの作成、③措置変更の判断基準の標準化、④児童養護実践の専門性を踏まえた研修システムの確立、⑤施設入居措置児童への権利侵害に関する罰則基準の明確化、⑥職員の給与体系の改善などとともに、⑦施設長の資格制度を検討することが必要だと考えています。

戦後75年、児童養護の歩みは幾多の荒波をかぶってきました。それでも真摯に子どもたちに関わり続けてきた先輩・仲間たちを想います。いま、変革という大きな波を内側から創っていく意志が私たちに求められています。この時代を貫いて生きる子どもたちに、私たちは何をはぐくみ、伝えることができるのでしょうか、ともに考えたいと思います。

注

1　全社協養護施設協議会調査研究部編『全養協20年の歩み』全社協養護施設協議会、１９６６年、27頁。

2　この課題に関わって、２０２０年には、浅井春夫他編著、戦争孤児たちの戦後史研究会編『戦争孤児たちの戦後史（全３巻）』第１巻「総論編」、第２巻「西日本編」、第３巻「東日本・満洲編」を吉川弘文館から刊行予定である（第１巻、第２巻は既刊）。さらに戦後に創設され開拓的な実践を創ってきた児童養護施設と戦争孤児関係の史料集成（不二出版）の刊行を予定している。

3　厚生省児童局監修『児童福祉』東洋書館、１９４８年、１８４頁。

4　厚生省児童局編『養護施設運営要領』日本少年教護協会、１９５４年、67頁。

5　戦後の社会事業論壇の拠点となる雑誌。この誌名では、１９４６年６月号から１９６０年12月号まで、中央社会事業協会社会事業研究所、日本社会事業協会社会事業研究所、中央社会福祉協議会、全国社会福祉協議会連合会によって発行された。

6　浅井春夫・黒田邦夫編著『〈施設養護か里親制度か〉の対立軸を超えて―「新しい社会的養育ビジョン」とこれからの社会的養護を展望する―』明石書店、２０１８年。

第5章　子育て支援サービスの機能とその落とし穴
——女性に向けられた支援の実際と女性役割機能の「強化」

1　リフレッシュ休暇の取得と保育現場の事情

ある保育園での会話から

あるとき保育園の会議でこんなことが話題にのぼりました。

A保育者：Kちゃんのお母さんは会社でリフレッシュ休暇が取れているようだけど、この前休みを取ったときに、Kちゃんを預けにきたんだよ。

B保育者：へえ、そうなんだ〜。だったらKちゃんを家でゆっくり見てくれればいいのにね。なんでも保育園に任せてしまうんだから、できることはやってもらいたいよね。

C保育者（ベテラン）：昔はそんな勝手な保護者はいなかったけど、今は自分が楽になることを優先して考える親が多くなったので、保育もやりにくくなったよね。現場の私たちのことも考えてもらいたいと思うんだけど……。
D保育者（新人）：わが子と一緒にいれば、リフレッシュできるんじゃないですか。
E保育者：確かにねえ。でもリフレッシュするのは、それぞれの保護者によってちがいがあるんじゃないかな。私たちだって、子どもたちから解放される時間が必要なときもあるからね。
F保育者：Kちゃんの母親とよく話すんだけど、会社で目いっぱい働いていて、夫の協力もなく、家でも食事、洗濯、家事、育児を一人でやっていて、体力の限界って感じですよ。

「子ども家庭支援」は何をめざすのか

さて、もしこの話題のなかにあなたがいるとしたら、どんなことを言うのだろうか。子どもがひとり登園しないだけで、保育がゆったりすることも実際にはあります。そういう現実があることを考えると、できれば日中、保護者が家にいるのであれば、親子で過ごしてほしいと思うでしょう。日常の保育のなかで、しんどさや多忙さが増しているように感じている保育者が多いことは、あなた自身も保育・子育ての現場を体験してみて感じたことではないでしょうか。

この保育園での会話には、家庭と子どもと保育現場の複雑な事情が現れています。それぞれの立場で考えると、①保育園の側には、どこまで家庭の子育て支援をしていくことが求められ、具体化できるかが問われています。②家庭の側では、保護者も子育てを続けていくためには、親としてリフレッシュして、あらたな気持ちで子どもと出逢うことが必要になっています。また、③子ども自身の要求からいえば、友だちと一緒に遊べる保育園の方がいい、ということもあるし、保護者とべったりと甘えたいということもあるかもしれません。家で注意ばかりされるより、保育園の方が自由に遊べると感じている子どもも少なくないでしょう。さらに、④行政の立場からみると、「子ども家庭支援」は年度予算の枠内で、どこまで効果的に運用できるのかという制約があります。できるだけ効率的で、財政的によい運用を考えたいということもあるでしょう。

こうした関係のなかで、それぞれの要求や、その具体化のための条件を付き合わせながら、何を大切に「子ども家庭支援」をすすめることができるのかを考えてみましょう。

2 リフレッシュ休暇の捉え方

「リフレッシュ休暇」とは、企業などが従業員に心身ともにリフレッシュしてもらうという意味で、年齢や勤続年数に応じて特別に与える長期休暇のことをいいます。リフレッシュとは「元気を回復する、気分転換する、ゆっくり休む」などの意味があります。保育所・子育て支援施設の機能には、①子どもの成長・発達保障、②労働と生活の両立の支援機能、③社会参加の権利保障、さらに今日の仕事と子育て事情を考えると、④保護者がリフレッシュする権利の保障という役割もあるといえます。

現在、「過労死」「長時間労働」「ブラック労働」とともに、仕事と家庭の両立をめざす「ワーク・

ライフ・バランス」が社会問題になっている日本において、リフレッシュ休暇が果たす役割は決して少なくありません。精神疾患が多発する状況を考えると、休暇制度を導入することで、従業員のメンタルヘルス対策にもなり、休職・離職を減らすことになる可能性もあります。

こうした現実を踏まえて、個別的な保護者の考え方や子育ての姿勢の問題とだけみるのではなく、社会的に「健康で文化的な生活」保障の視点から現実を分析することが重要になっています。

厚生労働省「平成29年労働安全衛生調査（実態調査）」（２０１８年8月発表）の概況によれば、現在の仕事や職業生活に関することで、強いストレスを感じている労働者の割合は58・３％となっています。強いストレスを感じている内容（主なもの３つ以内）をみると、「仕事の質・量」が62・６％と最も多く、次いで「仕事の失敗、責任の発生等」が34・８％、「対人関係（セクハラ・パワハラを含む）」が30・６％となっています。こうした統計からもわかるように、職業生活がいかにストレスフルな状況にあるのかが分かります。こうした現実を踏まえて、「子ども家庭支援」のあり方を考えてみる必要があります。

厚生労働省「平成30年就労条件総合調査」（２０１８年10月発表）の概況では、特別休暇制度がある企業は60・３％、制度がない企業が39・７％です。「特別休暇」とは、法定休暇（年次有給休暇、産前・産後休暇、育児休業、介護休暇、子の看護のための休暇等）以外に獲得できる休暇で、就業規則等で制度として認められている休暇のことをいいます。就業規則とは「事業場ごとに作成される、雇用主と従業員の間の雇用に関するルールを定めたもの」で、常時10人以上の従業員を使用する使用者は、労働基準法第89条の規定により、就業規則を作成し、所轄の労働基準監督署長に届け出なければならないことになっています。

特別休暇制度の種類（複数回答）の内容では、夏季休暇44・5％で、この休暇でさえ制度的な保障は半数に満たないのが現実です。病気休暇25・5％、リフレッシュ休暇12・4％、ボランティア休暇4・3％、教育訓練休暇4・2％、これら以外の一週間以上の長期の休暇14・8％となっています。

リフレッシュ休暇を取得できる労働者は調査対象の8人に1人という割合です。こうした市民権をようやく得つつある休暇の権利を後押しすることも、「子ども家庭支援」の課題として捉えたいものです。

3　子育て支援策の落とし穴を考える

子育ての環境となる家族の養育力・生活力の土台となっているのは、稼働所得を中心とした経済力です。あわせて児童手当、児童扶養手当だけでなく、子育て家庭に必要な自治体の社会手当の利用などもあります。

表5－1の厚労省の「平成30年賃金構造基本統計調査」によれば、男女合計の平均賃金（月額）は正規労働者で32万3900円、非正規労働者で20万9400円、雇用形態間賃金格差（正社員・正

職員＝１００）は、男女計で非正規では65・５％と３分の２程度となっています。女性だけをみれば、正規26万５３００円、非正規18万７９００円で、健康で文化的な自立した生活ができる賃金水準とはいえません。この性別、雇用形態別の平均格差に加えて、企業規模別、産業別、学歴別、都道府県別の格差がさらに格差を広げることになっています。このように、賃金（稼働所得）という生活の「土台」のところで貧困化が進行しているのです。

及び雇用形態間賃金格差

（2018年）

	女				
雇用形態間賃金格差（正社員・正職員＝100）	正社員・正職員		正社員・正職員以外		雇用形態間賃金格差（正社員・正職員＝100）
	賃金（千円）	対前年増減率（%）	賃金（千円）	対前年増減率（%）	
66.2（67.3）	265.3	0.6	187.9	-0.9	70.8（72.0）
92.1（91.0）	174.1	2.5	163.5	-0.3	93.9（96.5）
87.6（89.1）	210.9	2.2	176.9	-1.0	83.9（86.6）
81.9（83.2）	236.3	1.6	191.3	0.0	81.0（82.3）
74.5（77.8）	254.8	0.8	192.3	-1.7	75.5（77.4）
69.0（69.7）	268.6	-0.3	192.6	-2.1	71.7（73.1）
62.9（64.5）	283.4	0.1	191.5	-1.4	67.6（68.7）
57.8（59.1）	293.4	-0.6	192.4	0.3	65.6（65.0）
53.9（54.3）	300.3	-0.1	187.3	-1.3	62.4（63.1）
54.8（57.4）	300.0	2.3	184.1	-1.0	61.4（63.4）
76.9（76.4）	261.1	-1.8	186.9	1.6	71.6（69.2）
74.6（78.1）	246.1	-7.1	176.0	-1.2	71.5（67.3）
73.0（79.7）	257.5	-5.3	166.2	-5.5	64.5（64.7）
	40.1		46.0		
	10.4		7.5		

地域における子育て支援策の具体化と、それを強化すればするほど、家庭における性別役割分業として、家事・育児を女性の役割として意識させる機能があることに留意しておく必要があります。

子育て支援策の重要な柱は、女性だけでなく、男性の安定的な就労保障が不可欠ですが、その点に関する施策は骨格に位置づけられていません。あえて「男性の」としたのは、第１に、厚生労働省「賃金構造基本

表５－１　雇用形態、性、年齢階級別賃金、対前年増減率

年齢階級	男女計					男			
	正社員・正職員		正社員・正職員以外		雇用形態間賃金格差（正社員・正職員＝100）	正社員・正職員		正社員・正職員以外	
	賃金（千円）	対前年増減率（%）	賃金（千円）	対前年増減率（%）		賃金（千円）	対前年増減率（%）	賃金（千円）	対前年増減率（%）
年齢計	323.9	0.7	209.4	-0.7	64.6（65.5）	351.1	0.8	232.5	-0.9
～19歳	179.2	1.4	165.5	0.8	92.4（92.9）	181.8	0.6	167.4	1.8
20～24	213.2	1.6	182.1	-0.9	85.4（87.6）	215.2	1.1	188.5	-0.7
25～29	245.7	0.6	198.2	-0.7	80.7（81.7）	251.9	0.0	206.3	-1.6
30～34	282.4	0.5	204.9	-2.7	72.6（74.9）	295.4	0.3	220.2	-3.9
35～39	313.3	0.1	207.7	-1.3	66.3（67.3）	332.2	0.3	229.3	-0.6
40～44	342.1	-0.3	205.6	-1.9	60.1（61.1）	366.6	-0.1	230.7	-2.5
45～49	372.8	-0.2	206.1	-0.4	55.3（55.4）	405.2	0.1	234.4	-2.0
50～54	400.0	0.3	204.3	-0.4	51.1（51.4）	439.9	0.6	237.2	0.0
55～59	400.2	2.2	206.2	-1.8	51.5（53.6）	437.2	2.0	239.8	-2.5
60～64	316.7	1.2	236.5	2.2	74.7（74.0）	336.5	2.0	258.8	2.7
65～69	283.3	-0.5	208.2	-2.7	73.5（75.1）	296.1	1.6	220.9	-3.0
70～	281.0	-2.8	199.5	-8.4	71.0（75.3）	289.9	-2.1	211.6	-10.3
年齢（歳）	41.9		48.3			42.7		50.8	
勤続年数（年）	13.0		8.7			14.2		10.0	

原注：（　）内は、2017年の数値である。
出所：厚生労働省「平成30年賃金構造基本統計調査の概況」。

統計調査」（２０１８年）では、現在の日本における男女間賃金格差（非正規・パートタイム労働者を除く常勤労働者）は、男性１００に対して、女性73・３となっている現実にこだわったからです。常勤労働者では男性の約４分の３の賃金をかろうじて確保できていますが、それに加えて女性の非正規（パート・アルバイト、労働者派遣事業所の派遣社員、契約社員・嘱託など）雇用率は55・３％となっており、この現実を踏まえると男女格差はさらに広がっていくことになります。

　また児童のいる世帯における母親の仕事の状況をみると、「仕事あり」の割合は72・２％ですが、正規雇用

は26・3％、非正規36・9％、その他9・0％、仕事なし27・8％という状況です。子育て家庭を時系列にみると、共働き世帯から、主には母親が「仕事なし」となり、ひとり働き世帯になることが少なくありません。育児に専念できるという面はありますが、それは同時に経済的な困難を抱えやすくなることでもあります。

第2に、男性の長時間労働が改善されない社会的背景として、家庭における家事育児の圧倒的な女性負担を前提にしていることがあります。国際社会調査プログラムＩＳＳＰ（International Social Survey Programme）が実施した「家族と性役割に関する意識調査」（２０１２年実施の世界33か国の18歳未満の子どもがいる家庭についての調査）によると、日本は子育て世帯における男性の家事分担率の低さにおいて主要国のなかで最下位という現実にあります。

配偶者と18歳未満の子どもがいる男女（ここでは男女という関係を前提にしている）が家事・育児にかける週平均時間は、日本の場合、男性が12・0時間、女性は53・7時間です。男女の家事に従事するトータルの時間は65・7時間ですから、男子の家事分担率は18・3％で5分の1未満ということです。スウェーデン男性の家事分担率は42・7％、デンマーク40・1％、フランス38・6％、アメリカ37・1％、イギリス34・8％、韓国25・8％で、日本は家庭における平等度は世界最低の状況です。

図5－1の２０１６年における6歳未満の子どものある夫の家事・育児関連に費やす時間（1日当たり）は1時間23分（育児関連時間49分、家事関連時間34分）であり、女性は7時間34分という

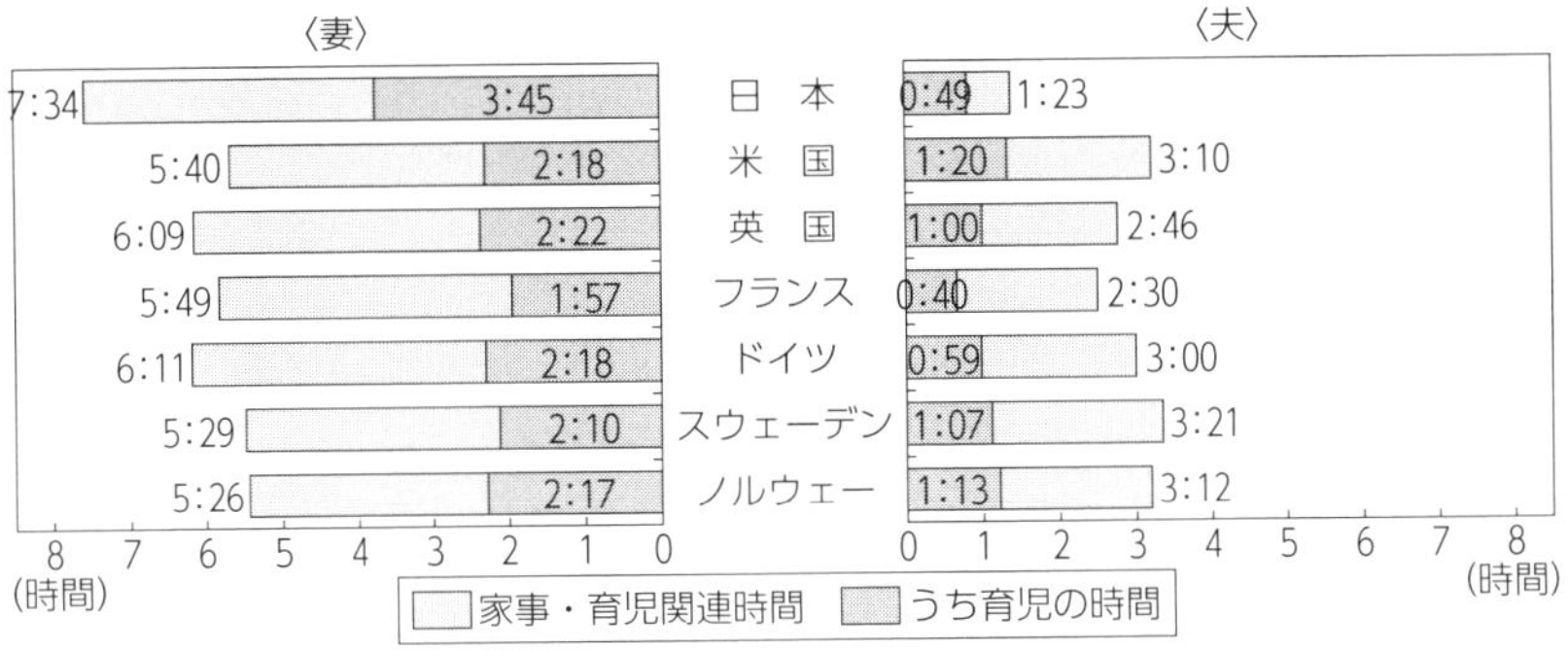

図５－１　６歳未満の子どもをもつ妻・夫の家事・育児関連時間（１日当たり）国際比較

原注１：Eurostat "How Europeans Spend Their Time Everyday Life of Women and Men" (2004), Bureau of Labor Statistics of the U.S. "American Time Use Survey" (2016) 及び総務省「社会生活基本調査」(2016 年）より作成。

原注２：日本の数値は、「夫婦と子供の世帯」に限定した妻・夫の１日当たりの「家事」、「介護・看護」、「育児」及び「買い物」の合計時間（週全体）である。

出所：内閣府『共同参画』第 111 号、2018 年５月号、３頁。

現実があり（総務省「社会生活基本調査」２０１６年度）、ほかの先進国と比較して不平等は際立っています。同様の条件で、家事・育児関連に費やす時間について諸外国の現状をみると、アメリカでは妻５時間40分：夫３時間10分、イギリスは妻６時間９分：夫２時間46分、フランスは妻５時間49分：夫２時間30分、ドイツ妻６時間11分：夫３時間、スウェーデン妻５時間29分：夫３時間21分、ノルウェー妻５時間26分：夫３時間12分という現状です。

　妻の家事・育児関連時間と夫の時間との比較では、日本は５・47倍だが、イギリス２・22倍、フランス２・33倍、ドイツ２・06倍と２倍を少し上回る程度だが、アメリカは１・79倍、北欧のスウェーデン１・62倍、ノルウェー１・70倍で２倍以内となっています。日本の家庭におけるジェンダー・アンバランスは顕著です。当たり前のような

〝家庭の文化〟は国際的にみれば、男女格差の大きい国の代表格なのです。

第3として、以前は政府の統計などでは、働く女性の約6割が最初の子どもの出産後に退職する傾向でしたが、内閣府男女共同参画局「第1子出産前後の女性の継続就業率及び出産・育児と女性の就業状況について」（2018年11月）では就業継続が53・1％で、出産退職は46・9％と改善されてきています。だが出産退職率は依然として高い状況にあります。

子育て支援サービスのもうひとつの落とし穴は、総花的な施策（いろいろな施策の柱を立てることで多くの課題に対応できるように見えるが実際には機能していない施策体系）にともなう問題です。その問題点は、優先すべき課題、重点課題が必ずしも鮮明になっていないことです。広く薄く政策がたてられていますが、権利保障が本当に必要な状態にある層への対応がなされているかどうかが問われるべきです。具体的な例をあげれば、保育・幼児教育の無償化は必要な課題ですが、保育所待機児童問題を克服することが優先されるべき課題でしょう。

4　ジェンダー平等の視点から考える「子ども家庭支援」

家族はいろいろを基本に

家族には実にいろいろな種類と形態があります。ひとつの家族であっても、さまざまな局面を体験することになるし、その局面に対して家族のメンバーの受け止め方とかかわり方は、家族内の位置と役割によって変わってきます。その意味で、家族は極めて流動的で、さまざまな顔があります。その多様性を踏まえて、どのような支援が具体化できるかが問われているのです。

家族のメンバーは、それぞれがニーズや役割を持っており、お互いに助けあったり、いがみ合ったりすることが時としてあります。家族間の関係は流動的で、安定しているときもあれば、危機的な状況になることもあります。とくに危機的な状況では、それぞれのニーズが歪められたり、抑えられたり、役割の変更が迫られたりすることがあります。たとえば、母親がこなしてきた家族への家庭内ケアワークを子どもが一手に担うことになる場合があります。その際に、ニーズの再確認や役割の見直しなどを行うことが「子ども家庭支援」のひとつの課題となることがあります。

「ジェンダー不平等が家族の中でそれぞれの役割や責任に影響している」[*1]のが実際です。ここでいう家族における「ジェンダー不平等」は、たとえば、DV（ドメスティック・バイオレンス）が夫からある場合に、家事・育児はすべて女性の役割として押し付けられることがあります。協同・共生関係が崩れているので、子どもも含めて役割と責任が流動的で、圧縮され押し付けあいになることがあります。

家族は、それぞれが役割と責任を分担し、協力することを通して、ジェンダー平等を実現できる関係にあります。とくにパートナー間と親子間でのいいコミュニケーション関係の形成によって、よりよい関係を築くことができるのです。

家族は複数のメンバーの生み出す関係性と、新たな困難や障害に対することを通して再編成を繰り返しながら関係を形成していく存在です。その際、家族の捉え方で重要なポイントは、①構成メンバーの組み合わせの多様性（ひとり親、障がいとともにある子ども、あるいは保護者など）、②メンバー間の力関係の多様性（流動的でもある）、③家族の歩みの多様性、④問題・困難発生の局面の多様性、⑤問題解決への取り組み方の多様性、⑥その他（ほかにどんなことがあるかを考えてみましょう）などを踏まえて、さまざまな側面から家族を理解する姿勢が援助する側には求められています。

女性をターゲットにした子育て支援策の問題

日本では、少子化の進行や女性の社会進出などの変化に対応するため、１９９４年に「今後の子育て支援のための施策の基本的方向について（エンゼルプラン）」が策定されています。「エンゼルプラン」は、10年を展望した計画ですが、１９９９年12月には「保育等子育て支援サービスの充実（低年齢児の受け入れ枠の拡大、延長・休日保育の推進等）」が掲げられた「新エンゼルプラン」が策定されました。

「エンゼルプラン」「新エンゼルプラン」にみられるように、わが国における子育て支援策の特徴は、少子化対策であり、乳幼児・低年齢の子どもが重点化されていることです。本来であれば、子育て支援の対象年齢は18歳までの子どもとすべきですが、乳幼児に重点が置かれたことによって、本来的に乳幼児のケアに関しては、母親の役割として強く意識され、現在の子育て環境のもとでは、子どもを持つ母親支援に特化されることになっています。

もうひとつの落とし穴は、女性役割の強調の裏返しとして男性役割が不問に付されることです。父親役割が問われたとしても、母親役割の補助的、ないしはお手伝い的役割以上は求められないことになります。こうして男性の労働が家族間では優先され、女性は家計の二次的担い手として甘んじることになります。こうした現実の政策は、女性の伝統的なジェンダー役割の固定化をすすめることになっています。母親支援を意識しながら、結果的に母親役割を強要することになっている側面を意識する必要があります。

5　ジェンダー平等の子育てを支援するために

ジェンダー平等を基本に柔軟な支援を

①家族の変化の一側面

わが国においては、男性中心稼ぎ手モデルの限界と崩壊が現実のものとなっています。経済的な観点からいえば、すでに男性（父親）だけが家族の稼ぎ手である時代は大きく変容しています。共働き（男性が主力で、女性が補助的な稼ぎ手であるパターンのパート就業が多い）が多数派となり、男性のひとり働きと専業主婦の世帯は確実に少数となっています。厚生労働省の『２０１８年　厚生労働白書』、総務省「労働力調査（詳細集計）」等によると、専業主婦の世帯は約33％（６００万世帯）という結果となっています。また同調査によると、全世帯に占める専業主婦世帯は１９８０年前後では約65％であり、１９９５年を境に割合が逆転した結果になっています。同調査の対象を20歳～64歳に絞ると、専業主婦世帯は約25％にまで低下します。

意識調査においても「夫は外で働き、妻は家庭を守るべきである」という考え方（性別役割分担意識）に反対する意見は（「反対」＋「どちらかといえば反対」）は、男女とも長期的に増加傾向にあり、２０１６年の調査では、男女ともに反対の割合が賛成の割合（「賛成」＋「どちらかといえば賛成」）を上回っているのが実状です（内閣府男女共同参画局編『男女共同参画白書（概要版）』２０１７年版）。こうした伝統的性別役割分業の意識変化の動向は、今後よりジェンダー平等の方向に改善されていくと予想されますが、個々の家族がどのような意識水準にあるのかはまさに多様です。

②「母親ペナルティ」と「チャイルドペナルティ」

「親ペナルティ parent penalty」とは、社会学・労働経済学の用語で、子どもを持つ夫婦と持たない夫婦が感じる幸福度のギャップを指します。前者の方が幸福度は低い傾向にあります。その傾向がみられるのは、国家予算レベルで子育て支援の制度が貧弱である国ほどより顕著になっています。「親ペナルティ」の内実は、「母親ペナルティ motherhood penalty」です。「母親ペナルティ」は、出産にともなうキャリアの中断と、ステップダウン（職場内移動、離職や転職、長期未就労など）、再就職後の非正規雇用という就労条件の不安定化、賃金や昇進などにおける不平等な取り扱いなどにより、子どもを持つか持たないかによって賃金格差＝経済的貧困に陥ることになります。そして子どもを生み育てることによって、連動して生じる社会的不利を「チャイルドペナルティ」ということができます。

ＯＥＣＤのワーキングペーパー「Child poverty in the OECD」*2（２０１８年10月）では、ひとり親家庭の貧困解消のための社会政策として、２つの対策を掲げています。ひとつは失業率の改善＝就業率の向上に焦点を当てた政策です。もうひとつは、「子育てによる社会的不利（チャイルド・ペナルティ）を除去する」政策です。

ここでいう子育てによる社会的不利には、就労の中断、職業と家庭生活の両立の困難、家庭内の家事・育児の女性への過重な負担（家庭内不利）、核家族における子育ての孤立化、社会参加の制限などがあげられます。この社会的不利を母親にだけ負わせるのではなく、パートナーとの協力のなかで〝解決に向かう〟かかわり関係の形成が重要な点です。男性が女性とまったく平等ではない状況もあるでしょう。その点を責めるだけでなく、一緒に課題に取り組もうという意思の具体化と、これまで関わることの少なかった家事・育児に少しずつでも具体的に取り組むことが大切です。心を込めて「お疲れさま」「ご苦労さまでした」と言えることも、共同生活者としての大切なコミュニケーションです。大事なことは男性と女性の家庭内の位置関係と、役割分担を少しでも改善の方向にすすめていくかどうかが問われています。

自らの職場と家庭のジェンダー平等を意識して

ジェンダー平等をもうひとつの観点から考えてみましょう。

それは自らの働く職場での平等がどのように保障されているか、侵害されているかの実態に対してセンシティブ（敏感で意識的に考えること）であることが、ジェンダー平等を踏まえた子ども家庭支援をすすめるうえで感覚的な土壌になるといえます。

たとえば保育園のなかで園長・管理職の男性割合はかなり高いのが実際です。では実際の保育士のうち男性保育士の割合はどうでしょうか。２０１７年度の厚生労働省「賃金構造基本統計調査」によると、男性保育士の人数は１万６４８０人で、女性の保育士数は23万６７１０人となっていますので、男性保育士の割合は約６・５％、15・４人に１人という現状となっています。２０１３年度では約４％の割合ですから改善されてきていますが、依然として圧倒的なジェンダー・アンバランスの状況です。こうした現実をどう考えればよいでしょうか。

「自らの職場と家庭のジェンダー平等を意識」する第一歩は、「問題」があることを問題として考え、取り上げることです。多くの男性は、職場でジェンダーが問題になっていることを意識していないことが多く、女性は、ジェンダー不平等を感じる実際の場面や出来事に多く接しています。といっても男性も「男なんだから……」「男でしょ！」などという言葉や視点にさらされることが多いのが実際です。ジェンダーの不平等はすべての人に関わる問題です。

職場におけるジェンダー不平等をチェックする視点を提起しておくと、

①女性には、コピーなどの細々とした雑用を頼むのは当然、男性にはちょっとした力仕事でもやってもらうのが役割のように考えているという文化がないでしょうか。

②女性と比べて男性の方がなんとなく尊重されている空気を感じていないでしょうか。

③女性が1回の会議で、発言を何度かすると、しゃべりすぎという評価をされ、〝女のくせに〟という視線を受けていないでしょうか。それに対して男性には「もっとしっかりと発言してほしい」という期待が大きいことを感じることがないでしょうか。

④管理職や重要な部署の責任者に、基本的に女性は配置されない現実はないでしょうか。

⑤女性がわが子を保育園などに迎えに行くために時間通りに職場を離れることに「女性だから仕方がないね」などと言われることはないでしょうか。

⑥お泊り保育・キャンプなどの行事で、食事作りは女性が担当し、子どものあそびや引率などは男性保育士が担当するのが当たり前になっていないでしょうか。

もうひとつ、家庭でのジェンダー平等を考えてみましょう。

①男性に対しては◯◯さんなどと呼んでいるのに、女性には呼び捨てや「おまえ」「おい！」などと上下関係を前提にした呼び方をしていないでしょうか。

②お互いにフルタイムで働いているのに、家事・育児を担う時間はお互いが努力をして助けあっているでしょうか。

③重要な家族の問題を決めるときには、パートナーと率直に意見交換ができているでしょうか。

④育児休業を取得することについて、男性は本気で検討しているでしょうか。
⑤男性からの暴力があっても、一言謝るだけで〝水に流して〟女性が耐えて生活を続けていることはないでしょうか。
こうした視点で職場と家庭を見つめなおして、自らの身の回りの〝当たり前の文化〟に対して、「あれっ?　これって、お互いがともに生きているってことなのでしょうか」と考えてみてはどうでしょうか。
自らの暮らしの文化への問題意識を持ち続けることで、ジェンダー平等の子ども家庭支援を考え、実践していくことにチャレンジしたいものです。

注

1　ユネスコ編、浅井春夫・良香織・田代美江子・福田和子・渡辺大輔訳『改訂版　国際セクシュアリティ教育ガイダンス―科学的根拠に基づいたアプローチ―』明石書店、２０２０年、73頁。

2　Child poverty in the OECD　https://www.oecd-ilibrary.org/employment/child-poverty-in-the-oecd_c69de229-en、２０２０年8月19日閲覧。

あとがき
――ひとりで、ふたりで、みんなと未来図を描いてみよう

コロナ危機の時代に未来図を描くことは、ポストコロナの時代を創造していくうえで必要不可欠の課題となっています。コロナ危機があぶりだしたことは、新自由主義がいかに人間・子ども・女性・高齢者を大切にしない政策であるのかが明らかになりました。世界的には1980年代にイギリス・アメリカ・日本（中曾根内閣）で台頭し、その後に世界を席巻しました。教育・医療・保健・福祉・公務分野などの「健康で文化的な最低限度の生活」（憲法25条）の岩盤部分に穴をあけ、軟弱基盤に変えたことを、世界の多くの人が体感することになりました。「自己責任」の強調をテコに、「小さな政府」「民営化」「公共事業や社会保障削減」によって国の果たすべき役割を縮小してきたのが実際でした。

この間、よく耳にすることになったエッセンシャル・ワーカー（Essential Worker）という言葉があります。社会が機能し、人間生活を豊かに保障するための必要不可欠なしごとをしている労働者のことを指しています。そうした労働者を、新自由主義政策は非正規化し、長時間労働を強いて、自由な裁量労働としてのしごとのあり方を管理・支配してきたのです。

いまの政治のなかで、子ども政策をめぐって何が問題かを問われるとすれば、それは〝子どもへの無関心〟であると、躊躇なく言えます。政府による小・中・高・特別支援学校の一斉休校の要請（事実上の決定と服従）は子どもたちの生活をどのように変えてしまうのかに関する論議もなく、一部の政権中枢の人たちによって決められ実施されたのでした。オンライン授業はネット環境を持たない子どもたちはさらに学習環境を奪われたままになっています。コロナ禍のもとで、格差と子どもの貧困はさらに広がり、子どもの人権は踏みにじられたままになっています。

アベ政治に何の反省もなく、全面的に継承する政権のもとで、人間・子どもを大切にする未来図を描くことは不可能です。そうだとすれば、具体的な政策を提案し、日本のこれからをどう変えていきたいのかを本気で議論し行動するまっとうな政治運動を創ることが求められています。

いま私には揺らぐことのない確信があります。私が研究者としての歩みをはじめる頃から、新自由主義が大きなちからを持ち始め、政治において主導権を握るようになってきました。私は一貫してそうした潮流に抗い、批判的なスタンスで本も書いてきたし、運動もしてきました。性教育の分野では裁判も闘ってきました。そして多くの仲間たちが子どもを大切にするとりくみの輪をつくっていることに励まし続けられてきました。そうした運動のなかでの確信は、困難のない運動はないし、人間として譲ってはならないことは、理論的にも実践的にも譲ってはならないという確信です。世界も日本もジグザクはありながら、人間を大切にする社会に少しずつですが変わっているという確信です。

時代を変えるのは私たちがどのような運動を創るのかにかかっています。本書が、これからの社会を描く未来図づくりの参考になることを心から願っています。

本書を上梓することができましたのは、『住民と自治』で1年間（12回）の連載の機会を与えていただいたことによるものです。編集部のみなさまとともに、編集部に携わっておられた、私が最も信頼する立教大学コミュニティ福祉学部の芝田英昭先生に感謝を申し上げるものです。

末筆になって恐縮ですが、自治体研究社の寺山浩司さんには、前著『「子どもの貧困」解決への道』でもお世話になってきましたが、どっしりと構えて、本の出来上がりへの援助をいただきました。記してお礼を申し上げます。

2020年9月6日

浅井春夫

初出一覧

コロナ危機が現代社会に突きつけたものと未来図
「コロナ危機が現代社会に突きつけたもの」『季刊セクシュアリティ』97号掲載を改題・加筆修正。
第1章　子どもの未来図
『住民と自治』に「子どもの未来図」として、2019年4月号より2020年3月号まで連載に加筆修正。
第2章　SDGsと子どもの未来の描き方
「第1章　貧困をなくそう」日本環境教育学会監修『知る・わかる・伝えるSDGs』Ⅰ、学文社、2019年所収を改題・加筆修正。
第3章　子ども虐待への対応（書き下ろし）
第4章　戦後の児童養護問題と実践の課題をとらえる
「戦後社会の変化と児童養護実践の方向」季刊『児童養護』創刊50周年記念誌、社会福祉法人 全国社会福祉協議会 全国児童養護施設協議会、2020年3月、44～47頁所収を改題・加筆修正。
第5章　子育て支援サービスの機能とその落とし穴
「第8章　子育て支援サービスの機能とその落とし穴」浅井春夫・所貞之編著『子ども家庭支援論』建帛社、2019年所収を加筆修正。

［著者紹介］

浅井春夫（あさい・はるお）

1951年京都府生まれ。日本福祉大学大学院（社会福祉学専攻）修了。東京の児童養護施設で児童指導員として勤務。白梅学園短期大学を経て、立教大学コミュニティ福祉学部教授、2017年3月定年退職、現在、立教大学名誉教授、"人間と性"教育研究協議会代表幹事、全国保育団体連絡会副会長。

主な単著・編著訳書

『「子どもの貧困」解決への道——実践と政策からのアプローチ』『社会保障と保育は「子どもの貧困」にどう応えるか』以上、自治体研究社、『脱「子どもの貧困」への処方箋』『子どもを大切にする国・しない国』『保育の質と保育内容』（保育の理論と実践講座第2巻）『子ども・家族の実態と子育て支援』（同第3巻）、『戦争をする国・しない国』『子どもの貧困の解決へ』以上、新日本出版社、『沖縄戦と孤児院——戦場の子どもたち』『戦争孤児たちの戦後史1—— 総論編』以上、吉川弘文館、『戦争と福祉についてボクが考えていること』本の泉社、『あっ！　そうなんだ！　性と生』エイデル研究所、『沖縄の保育・子育て問題——子どものいのちと発達を守るための取り組み』『〈施設養護か里親制度か〉の対立軸を超えて——「新しい社会的養育ビジョン」とこれからの社会的養護を展望する』『国際セクシュアリティ教育ガイダンス【改訂版】——科学的根拠に基づいたアプローチ』以上、明石書店、『シードブック　子ども家庭福祉（第2版）』『シードブック　社会福祉——暮らし・平和・人権（第2版）』『子どもの暴力対応実践マニュアル——児童福祉施設・児童相談所・学校』『子ども家庭支援論——家族の多様性とジェンダーの理解』以上、建帛社、『新・コミュニティ福祉学入門』有斐閣、『性教育はどうして必要なんだろう？—— 包括的性教育をすすめるための50のQ&A』大月書店、『親子で話そう！　性教育』朝日新聞出版など。

子どもの未来図——子ども期の危機と貧困化に抗する政策的課題

2020年10月10日　初版第1刷発行

著　者　浅井春夫

発行者　長平　弘

発行所　㈱自治体研究社

〒162-8512 東京都新宿区矢来町123 矢来ビル4F

TEL：03·3235·5941／FAX：03·3235·5933

http://www.jichiken.jp/

E-Mail：info@jichiken.jp

ISBN978-4-88037-715-5 C0036

印刷・製本／モリモト印刷株式会社

DTP／赤塚　修